AF284979

Günter von Hummel

Wir sind Film, Roman, Theater, Performance ...

Selbstsichtung und Gedankenhören als
Weg zu sich selbst

Das Umschlagsbild zeigt einen Ausschnitt des Bildes der Malerin T. Heydecker mit dem Titel ‚Das Ich und sein Gehirn'. Hinter den ganz gewöhnlichen und alltäglichen Geschehnissen verstecken sich turbulente Szenen. Die Dinge und Menschen vermitteln sich hier also durch eine Verschlüsselung, so dass man bei diesem auch von einer semantischen (versteckt bedeutungsreichen) Kunst sprechen kann. Davon wird auch das Buch handeln, indem diese Semantik zu einem praktischen Verfahren führt, das der Selbstanalyse dient.

© 2021 Günter von Hummel
Herstellung und Verlag: BoD - Books on Demand, Norderstedt 2019
ISBN 9783754315156
Lektorat: R. J. Osler

Inhaltsverzeichnis

1. Übertragung / Unterstellung

Wie anfangen bei dieser Vielheit der Bilder, der Blicke und Zeichen, die uns heute im Kino, im Fernsehen, bei YouTube, Instagram, WhatsApp und tausenden von andern Darstellungen und Performances umgeben. Oder bei dieser Vielheit der Worte, die uns noch zusätzlich in Zeitungen, Romanen, E-Books, Magazinen und den üblichen Small-Talk-Gesprächen umschwirren. Warum kommt denn niemand auf die Idee, dass wir uns viel mehr oder doch wenigstens vorwiegend mit dem Film und dem Buch im Inneren von uns selbst beschäftigen sollten. Denn seit der Psychoanalyse wissen wir, dass all dies im Unbewussten in kaleidoskopischer Form, also als buntes, geometrisches Allerlei und schillerndes Farbwechselspiel zu Hause ist. Und genau dort existiert, unbewusst also, auch ein kauderwelsch artiges, symbolisches Durcheinander in der Fasson eines „universalen Gemurmels" und „ultrareduzierter Phrasen" – Begriffe, die der französische Psychoanalytiker J. Lacan für das innere Buch verwendete.

Wenn ich es so behaupte, wird freilich schnell klar, dass wir uns in die überflutend imaginäre, bild-blickwirkende, und literarische, wort-wirkende Welt stürzen, weil die innere Welt vielleicht noch verworrener ist. Eine deutliche Ungleichgewichtung zwischen dem Außen und Innen besteht, und so scheint es doch sinnvoll, sich bei der Inflation der Medien heutzutage doch wenigstens etwas mehr dem Inneren zuzuwenden als es bisher getan wurde. Zwar haben sich die Menschen früher, z. B. die alten Propheten, intensivst nach innen gewandt. Sie haben jedoch diese Innenschau und dieses nach innen gewandten Gehör mit so mythisch-mystischen Ausdrucksformen versehen, dass sie nur schwer mit den heutigen – beispielsweise psychoanalytischen – Explorationen des unbewussten Innenraums vergleichbar sind. Doch auch die Psychoanalyse gelangt nicht ganz dahin, wohin ich versuche in diesem Schreiben über Film und Buch zu kommen. Ihr Fehler ist, dass sie die Schau gegenüber dem Sprechen und Hören stark vernachlässigt.

Aber wie anfangen? Für einen Philosophen ist es – vor dem weißen Blatt Papier sitzend – das größte Problem. Die ersten Buchstaben, eine beginnende Silbe oder gar ein anfängliches Wort entscheidet über alles. Dabei hat man sich es früher noch leicht gemacht und behauptet, Raum und Zeit seien ‚a priori‘ bereits da, richtig gewusst und verifiziert (Kant zum Beispiel). Oder man hat versucht den Geist zu objektivieren (Hegel zum Beispiel). Aber was ist mit dem ureigentlichen Subjekt? Ich würde gerne mit etwas Subjektbezogenem anfangen, mit etwas Eigenem, etwas zwischen dem Objekt und Subjekt Befindlichen oder eben einfach mit etwas begründet Vermutetem, also etwas, das man sich in einer Konjekturalwissenschaft oder Wissenschaft v o m Subjekt erarbeiten kann.[1]

---

[1] Konjektur heißt Vermutung, und wurde schon Nikolaus von Kues in seinem Buch De Conjectura so benannt. Es geht um

Conicere heißt lateinisch also vermuten und subjicere heißt unterstellen, das Subjekt ist also das Unterstellte. Wem oder was unterstellt bleibt offen, denn sonst würde man ja wieder etwas Geistiges oder Materielles dafür einsetzen. Freud nannte das, dem das Subjekt unterstellt ist, das Unbewusste. Das ist eine Sache für sich, es sollte etwas Eigenes sein, was mit Libido zu tun hat, der ‚genießenden Substanz', wie Lacan es übersetzte. Er bezog sich auf die ‚Substanzlehre', auf Aristoteles ausgedehnte Substanz und Descartes denkende Substanz und kam eben so zum substanziell Genießenden als etwas Drittem, das substanziell und universell ist, denn auch schon die Pflanzen genießen.[2]

Im Zentrum der Psychoanalyse steht der Begriff der ‚Übertragung'. Der Patient überträgt unbewusster Weise Bedeutungen aus früheren Lebensabschnitten oder anderen Beziehungen auf den Therapeuten, indem er ihm ein Wissen ums Genießen unterstellt. Übertragung / Unterstellung, durch diese Kombination ergibt sich die Möglichkeit einer besonderen Gesprächsart, denn Übertragung und die genannte Unterstellung verlangen nach

---

ein Denken in – jedoch sehr präzisen, fast mathematischen – Vermutungen (es sind trotzdem freie Vermutungen, die sich immer mehr zu etwas Zutreffendem hin verdichten, bis ein letztlicher Schluss feststeht).
[2] Lacan, J., Lettres de L'Ècole freudienne, Nr. 16 (1975) S. 192 Auf dieses auch ‚autochthones Genießen' zu nennende Substanzielle gehe ich später noch ein.

einem klärenden Ausgleich. Hier fangen also zwei Subjekte wirklich an, eine Lösung hinsichtlich dessen zu finden, dem sie – vorwiegend sprachlich, linguistisch, ‚wort-wirkend' – ausgeliefert sind. Und hier haben sie auch eine bessere Chance, etwas richtig zu wissen und es auch noch gut zu sagen. Denn Unterstellung und Übertragung sind ja tatsächlich sich gegenseitig bedingende bild-wort-wirkende Vorgänge, der eine nach unten, der andere nach oben. Wo etwas worthaft, symbolbezogen, übertragen wird, spielt etwas in gleicher Weise Unterstelltes eine Rolle und umgekehrt. Das Bild, der Blick bleibt unten hingestellt, während das Wort, die Sprache zum übertragen nach oben hin genutzt wird.

Nun kann ich in diesem Buch trotzdem nicht so anfangen wie der Psychoanalytiker in der Therapiesitzung, wo beide, Patient und Therapeut, gleich loslegen können. In einem Buch muss ich selbst erst einmal lange Zeit etwas aufbauen, erst dann kommt der Leser zum Zug. Erst, erst. Zu meiner Rechtfertigung könnte ich einwenden, dass der Psychoanalytiker nicht so frei und ungebunden, also nicht so apriorisch anfängt, wie es scheint, wenn sich zwei Subjekte gegenübersetzen. Der Therapeut muss nämlich mit dem Hinweis auf seine sogenannte ‚Grundregel' anfangen: „Sagen Sie alles, was Ihnen in den Sinn kommt, egal wie oder was". Es ist das psychoanalytische a priori, verhält sich also letztlich ähnlich wie bei Kant.

Der herkömmliche Psychoanalytiker geht davon aus, dass alles gesagt werden kann – analytisch. Dann synthetisiert er, dass aus der Beziehung von Unterstellung / Übertragung alles gelöst werden kann. Mag sein, dass dies nur ein kleiner Trick ist, aber eben: nicht exakt logische Praxis wie Lacan sie forderte. Gut, mir geht es auch nicht anders. Ich muss mit irgendetwas anfangen, und damit ich nicht allzu künstlich anfange, fange ich damit an, dass der sich so stark auf das Wort-Wirkende stützenden Psychoanalyse das Bild- und Blick-Wirkende fehlt, und dass ich beides in einen engen Zusammenhang, ja fast in eine Verschmelzung bringen will mittels eines neuen selbstpraktischen Verfahrens, das ich *Analytische Psychokatharsis* nenne.

Ich postuliere eine Selbstsichtung, die im Unbewussten als so etwas wie ein Bild-Wirkendes existiert, etwas imaginär Signifikantes, ein ‚unbewusstes Sehen'.[3] Dies ist also bisher von der Psychoanalyse kaum genutzt worden, während das Hörbarmachen der Gedanken, das Wort-Wirkende, das symbolisch Signifikante, die Psychoanalyse dominiert. Lacan meint, schon Freud sei Linguist gewesen und habe dem Unbewussten also eine Kette der Signifikanten, der Bedeutungszeichen, der sprach-symbolischen Ordnung zugewiesen, die man in der Therapie entschlüsseln kann. Beides aber, das Bild- und das Wort-Wirkende sind die Grundelemente, Triebe, Säulen dieser Wissenschaft v o m Subjekt, die somit den sogenannten objektiven Wissenschaften gegenübersteht.

---

[3] Ruhs, A., Das unbewusste Sehen, Locker-Verlag (1989)

Die Selbstsichtung ist also von der Psychoanalyse nicht richtig genutzt worden, und von diesen objektiven Wissenschaften, die mehr oder weniger auf materialistische Weise zu sichten suchen, wer der Mensch ist, haben wir inzwischen auch genug. Nicht anders steht es um die subjektiven Wissenschaften wie die Philosophie, die Literatur- und Kunstwissenschaft, Theologie, Soziologie etc., sie gehen uns nicht ausreichend weit in die Tiefe, wie es die Psychoanalyse als etwas Drittes mit ihrem Bezug zur Libido und zum Genießen versucht hat. Daher will ich zuerst einmal ein paar Vorbemerkungen zu diesem vielleicht etwas seltsamen Begriff der Selbstsichtung (Bild-Wirkendes) und des Gedankenhörens (Wort-Wirkendes) machen.

Das Tier entwickelt nicht ein vom Bedürfnis abgespaltetes, völlig isoliertes eigenes Begehren, das einen libidinösen, quasi-sexuellen Charakter hat. Es folgt nur seinen biologisch fixierten Instinkten. Allerdings kann das Tier, wie es der Verhaltensforscher K. Lorenz nachwies, gelegentlich für den kurzen Moment einer Art Wahlfreiheit die Instinktgebundenheit verlassen, um dann jedoch sofort wieder in einen etwas anders gebildeten Instinkt zurückzufallen.[4] Genau so etwas fördert auch der Begriff „sexuell" bei Freud, indem die Wahlfreiheit jedoch sehr umfassend ist und nicht mehr in etwas Ins-

---

[4] So haben einige Tiere den Totstellreflex erst spät erlernt und üben ihn nunmehr ganz instinktiv aus.

tinkthaftes zurückfallen kann. Man bleibt seinen Intentionen, Trieben und unbewussten Regungen verhaftet.

Das Freud'sche Sexuelle hat eigentlich wenig mit dem zu tun, was wir landläufig darunter verstehen, nämlich die genital sexuelle Beziehung Erwachsener. Die Betonung liegt bei Freud mehr auf dem, was er das „infantil Sexuelle" nannte wie z. B. das Orale, die Mundlust und deren Trieb. Das Freud'sche Konzept führte allerdings zu vielen Schwierigkeiten, da er neben dem Eros-Lebens-Trieb einen Todestrieb postulierte, den es als aktives Element nicht geben kann. Die Umformulierung durch Lacan in das Paar Wahrnehmungs-, bzw. Schautrieb und Entäußerungs-bzw. Sprechtrieb behebt dieses Problem, was auch für meinen Text maßgebend sein wird.

Wie gesagt, in der Psychoanalyse spricht man sich hunderte von Stunden lang so weitgehend aus, dass man sich ein gewisses Bild (vor dem geistigen Auge) von sich machen kann. Man hat aber immer schon versucht, sich selbst direkt – zwar nicht gerade ins Auge – aber doch ins Ur-Eigenste des Ichs zu schauen. Mystiker, Zen-Buddhisten, Esoteriker etc. haben das versucht, aber ich will einen wissenschaftlich begründeten Weg dazu zeigen, indem ich auf das zu Sichtende, Imaginäre, Bild-Wirkende direkt (meditativ) zugehe, und es – fast gleichzeitig – einer wort-bezogenen Selbstanalyse unterziehe. Sichtbar wird dabei das, was Freud die „Vorstellungsrepräsentanz" nannte, nämlich das, was die eigentliche Triebkraft (die primärsexuell und real ist) im Psychischen repräsentiert.

Doch ist dies nur eine Zwischenstation, wenn auch direkt erfahrbar und nicht nur wie im herkömmlich Psychoanalytischen abstrakt theoretisiert. Ein Beispiel, um dieses Zwischenstadium zu kennzeichnen, sind ‚Traumvisionen‘, die oft im Zusammenhang mit sogenannten ‚luziden Träumen‘ auftreten. Manchmal versuchen Menschen solch ein besonders eindrucksvolles Traumbild, das also nicht so schnell in anderen Bildern untergeht, sondern zu beharren scheint, zu malen. Lacan meinte, dass es die Traummalerei im Grunde genommen kaum gibt, da der Traum viel zu lebendig, zerstückelt und meist nur schlecht erinnert ist. So zeigt diese Malerei auch oft nichts von der ‚Vorstellungsrepräsentanz‘, die im Bereich des Bild-Wirkenden als imaginärer Signifikant die gerade im Moment wirkende Triebkraft perfekt darstellt und repräsentiert.[5]

Ich habe jedoch einmal etwas erlebt, was man fast als solch eine ‚Vision‘ bezeichnen könnte und das daher eher der ‚Vorstellungsrepräsentanz‘ zuzurechnen wäre. Aus einem Traum aufwachend nahm ich für kurze Zeit, vielleicht mehr als eine Sekunde, ein festes, also starr bleibendes Bild wahr, das mich irgendwie stark berührte (siehe selbstgemalte Abbildung unten). Obwohl ich es

---

[5] Lacan, J., Die vier Grundbegriffe der Psychoanalyse, Walter Verlag (1980) S. 117. Freud spricht hier auch von direkter Triebrepräsentanz (GW X, S. 254).

nicht selbst geschaffen hatte, konnte ich es doch durch eine Art Konzentration den genannten Moment halten. Es war also kein Traum mehr, sondern eine Art von ‚Vision‘.

Denn während der Traum rasch an einem vorbeizieht, ja taumelnd dahinrast, hatte dieses Verbleiben, dieses Insistieren eines wie ausgestellten oder betont gezeigten Bildes, eine leicht betörende, anmutende Wirkung auf mich. Hier soll mir etwas vermittelt werden, hier wird nicht schnell das Traumprogramm durchgespielt, sondern etwas davon herausgehoben. Es handelte sich also um das Gegenteil der glatten visuellen Kommunikation. Ich habe es – wenn auch künstlerisch ganz unprofessionell – noch am selben Tag gemalt. Eine gesicherte Aussage konnte ich trotzdem diesem Bild nicht entnehmen.

Ich hatte zwar sofort den Eindruck, dass die weißen Bögen Blüten des Baumes waren, aber auch wolkige Zeichen von irgendwo außerhalb her. Mehr Seelisch-Geistiges (weiße Bögen) und mehr Biologisch- Natürliches (Baum) sollten so verbunden gezeigt werden, dachte ich. Seltsam blieb es trotzdem, auch wenn mir danach die Diskussion Lacans um die Freud'sche ‚Vorstellungs- bzw. Triebrepräsentanz‘ einfiel, die eben die Triebkraft im Seelischen als solchem direkt repräsentiert. Denn gerade die Insistenz des Bildes, macht genauso wie die Insistenz der Buchstaben die Kraft des unbewussten Triebs aus.[6]

Die Triebkraft kann auch in Form eines Affekts auftreten, der schnell ins Bewusste durchbricht und somit kaum je völlig verdrängt und unbewusst bleibt. Es kann aber eben auch in Form eines Wort-Klang-Bildes, also eines symbolischen Signifikanten, unbewusst und verdrängt bleiben oder in Form der Bild-Repräsentanz, also eines imaginären Signifikanten, besser als traumgemalt, fast wie visionär, vermittelt sein. Beides insistiert, drängt zum Ausdruck. Um Freud gerecht zu werden, könnten die weißen Bögen als Blüten auch eine sexuelle, auf das Weibliche hin bezogene Metapher sein, während der Baumstamm eher das Männliche vermittelt. Genau darauf läuft mein Verfahren ja hinaus: in eine etwas sublimierte, schöpferische Funktion des imaginären Signifikanten, die garantiert, dass der Eros mit berücksichtigt, aber nicht ins Pornographische oder Verrückte abgeglitten ist.

Lacan weist nämlich im Weiteren darauf hin, dass die Traummalerei leicht in die Richtung der psychopathologischen Kunst abdriften kann. Denn wenn das Bild wirklich die Triebkraft repräsentiert, kann es als Kunst und als Gewinn für die Menschen nur dann gelten, wenn es deren Schautrieb, deren *Strahlt* befriedigt, indem es gleichzeitig eine dezente ‚Blickzähmung' ist, eine be-

---

[6] Lacan, J., Das Drängen des Buchstaben im Unbewussten, Olten (1975)

sänftigte, in den Grenzen der Kunst gehaltene Schaulust. Mein Bild könnte so die Grenze zur Psychopathologie zeigen, der ich jedoch auch gerade deswegen nicht verfallen bin, weil ich dem Bild keine gesicherte Aussage zugebilligt und das, was man eine ‚Vision' nennen kann, als grenzwertig demonstriert habe.

Das Ziel meines Verfahrens, das ich also *Analytische Psychokatharsis* nenne, ist jedoch etwas ganz anderes, das ich im Anhang in seiner praktischen Ausübung beschrieben habe. Nur durch die Praxis lässt sich die oben von mir erwähnte Art einer Verschmelzung der beiden (des Bild- und Wort-Wirkenden) realisieren. Die psychoanalytische Theorie reicht dazu nicht aus, man muss auch eine meditative Praxis mit hinzu nehmen. Damit kann ich auf dem Feld des Sichtenden, Bild-Wirkendem zu mehr Wissenschaftlichkeit kommen und würde ich einen Schritt weitergehen als mit der Traum-‚Vision' gezeigt. Ich könnte dann von einer ‚R-Ein-Sichtigkeit' sprechen, also etwas, das die Dinge in ihrer ‚Reinheit' sieht, aber auch als ‚Ein-Sichtigkeit' für das sie Umfassende Alle gelten kann. Das ist freilich sehr spekulativ gedacht und abstrakt ausgedrückt, und so werde ich diese hypothetische ‚R-Ein-Sichtigkeit' zuerst einmal weiter mit gezielten Vermutungen anreichern.[7]

---

[7] Im Folgenden setze ich noch reichlich dieser Betonung des Bild-Wirkenden den psychoanalytischen Schwerpunkt des Wort-Wirkenden entgegen, bezüglich dessen Lacan den gleichwertigen Begriff des (verbalen) Signifikanten verwendet.

So kann man beispielsweise zu den Frühmenschen, den Neandertalern zurückkehren, die ja größere Gehirne hatten als die heutigen Menschen, dafür allerdings weniger neuronale Vernetzungen. Ich habe an anderer Stelle ausführlich darüber geschrieben, dass die Vermutung gerechtfertigt ist, dass die Frühmenschen gerade wegen dieser Kombination (viel Gehirnmasse, wenig Vernetzung) oft derartige ‚visionäre‘ Erfahrungen hatten. Vernetzungen sind für komplizierte sprachliche Formulierungen nötig, für die ‚Vision‘ braucht es nur das Selbstgenießen des Gehirns. Auch in der griechischen Antike war es ja noch üblich, dass es viele sogenannte ‚Seher‘ gab, die die innerlichen Bilder und Blicke sogar deuten konnten. Die heutigen überforderten Menschen haben im Bereich des imaginären Signifikanten, des Bild-Blick-Wirkenden, nur noch Halluzinationen parat.

Nun gönne ich mir manchmal einen Ausflug in diese Urzeiten in der Form einer ‚Vision‘ des ‚Meeres‘. Wie der ‚Baum‘ gehörte auch das ‚Meer‘ zu diesen Erfahrungen, deren ‚Vision‘ sich nach kurzer Zeit der ersten, der mehr meditativen Übung der *Analytischen Psychokatharsis*, bei mir manchmal – mit etwas Selbst-Nachhilfe – einstellt. Es kommt zum kathartischen Schimmern, diesmal also fast selbstgemacht als urzeitlicher Blick, als voll in Gang gekommene Vorstellungskraft von der Weite und Blauheit des ‚Meeres‘. Die Faszination ist ungemein größer als der reale Blick auf eine Meereslandschaft, den ich oft an irgendwelchen Stränden oder Küstenregionen gehabt habe, was auch schon oft großartig war. Aber jetzt war es eben so, wie es die frühen Hominiden wohl erlebt haben.

Denn sie haben das ‚Meer‘ in diesen Urzeiten nicht nur bestens gekannt, ist darin doch alles Leben entstanden, sondern auch geliebt, geheiligt. Sie haben es mit Minne ausgestattet, wie die frühen Mystikerinnen sagten.[8] Schon immer und freilich besser nachvollziehbar bei den ersten Menschen hat es bereits hinsichtlich des ‚Meeres‘ Kreativität und das autochthone Genießen gegeben. Schon da sind sie – schon vom Blick her – darin geschwommen, haben also visuell in seinem Genuss und ‚fließenden Rhythmus‘ gebadet.[9] Lacan meinte, dass das Genießen ein Merkmal des Lebendigen schlechthin ist, d. h. dass es sich nicht nur bei den Pflanzen so verhält, dass sie genießen, auch die Amöben und die Bakterien genießen, versicherte er.[10] „Der Stoff aller Arten des Genießens grenzt nämlich an das Leiden, und das ist das Kleid, woran man es erkennt – wenn die Pflanze nicht offenkundig leiden würde, wüssten wir nicht, dass sie lebt“.[11]

---

[8] Ich schreibe ‚Meer‘ in Anführungszeichen, wenn es nicht nur um den realen Ozean geht, sondern auch und speziell im Zusammenhang damit, um die ‚Vision Meer‘. Den Begriff der Minne muss man mit ‚ekstatischer Liebe‘ übersetzen.

[9] Ich erinnere nochmals, dass Lacan mit dem Begriff des ‚fließenden Rhythmus‘ das weibliche Genießen bezeichnete, den originären, weiblichen Eros, die ‚jouissance feminine‘.

[10] Lacan, J., Seminar XXI, Vortrag vom 23. 4. 1974.

[11] Lacan, J., Seminar XVIII, Vortrag vom 17. 3. 1971

Dieses also der Flora, der Fauna und selbst dem ‚Meer‘ innewohnende allerursprünglichste Genießen betrifft den Zugang zum primär Kreativen, wie es der Wissenschaftsjournalist S. Klein postuliert, und es scheint so elementar und eben ursprünglich zu sein, dass die Menschen es heute weitgehendst verdrängt, verlernt oder verworfen haben.[12] Viele Autoren fangen jetzt aus diesem Grund an, sogar in der trockensten Materie nach dem Leben zu suchen wie z. B. E. Coccia oder Jane Bennet. Die zentrale These der letzteren Autorin lautet: „Materie ist aktiv – und sie hat bisweilen sogar politische Handlungsmacht. . . Wann sollte diese Aussage [dass die Materie lebt] plausibler sein als heute, wo ein kleines Virus die ganze Welt in Atem hält?[13] „Ist das Virus nicht der Prototyp des viral Materiellen, indem wir es in seine RNA, Spike-Proteine und seine Moleküle, genauso zerlegen können wie eine Harley Davidson, wobei das Virus aber dann die eigenwilligste Lebhaftigkeit entwickelt, es also handelt“?[14]

Ich glaube nicht, dass man die Dinge so sagen kann, denn was haben die Leute von dieser Realitätssüchtigkeit? Ich gebe zu, dass man, frägt man sich nach dem Bezug zur Tierwelt, zum Vegetarismus und zu dem, was W. Hellpach Geopsyche und E. Gartmann Ökopsychoanalyse nannte, viele Bereiche in mein ‚Visions‘-

---

[12] Klein, S., Wie wir die Welt verändern, S. Fischer (2021)
[13] Bennett, J., Lebhafte Materie. Eine politische Ökologie der Dinge, Matthes & Seitz (2020)
[14] Roedig, A., Deutschlandfunk Kultur, Lesart vom 25.6. 2020

Konzept einbeziehen müsste. Denn sowohl die ‚lebhafte Materie‘ wie die durchpsychologisierte Fauna und Flora müssten von der Psychoanalyse mitbedacht werden. Aber wo käme sie dahin? Ihr fehlt zwar. wie nun oft genug gesagt, die bessere Einbeziehung des Imaginär-Realen, des Bild-Wirkenden ins Gesamtkonzept, und die Beschäftigung mit der Linguistik, mit dem Symbolischen, Wort-Wirkenden ist aufreibend genug, aber erwähnen sollte man – gerade im Hinblick auf die volle Bewusstheit.- das Ökopsychoanalytische durchaus. Man betreibt ja auch Ethnopsychoanalyse, und das – wenn ebenfalls wieder problemreich – nicht ohne Erfolg.[15] Die erfüllende Bewusstheit (awareness) im Gegensatz zum blanden Bewusstsein (consciousness) steigert dies alles auf jeden Fall.

Zurück zum Meer und zu meiner Art von ‚Meeres‘-Psychoanalyse., zu dieser scheinbar wahren Eins, in der sich das ‚Meer‘ nicht nur spiegelt, sondern wild, tosend, schäumend erhöht, wie in den vielen Gemälden E. Noldes, aber auch anderer Expressionisten mit dem Titel ‚Meer‘. Zweifellos strebt Nolde in seinem Bild ‚Meer 1‘ an, das Meer zu überschreiten, vielleicht ins ‚Visionäre‘ hinein oder noch weiter. Denn man sieht nur eine Welle, die sich bricht und im Hintergrund den vergoldeten Himmel. In Noldes zahlreichen Meeresbilder geht es fast immer um diese Vergeistigung, Überbewusstma-

---

[15] Köhler-Weisker, A., Gespräche unter dem Mopanebaum, Ethnopsychoanalytische Begegnungen mit Himbanomaden, psycho-sozial Verlag (2015)

chung, das ‚anders herum' von Liebe zum Meer und vom Tod durch das Verschlungen Werden der meist tief dunkel gemalten Wellen.

Es geht nicht um eine Abbildung, es geht um eine ‚Vision', die den Betrachter mittels einer Augentäuschung verführt: betrachte lieber das Bild, bevor du dich in der echten ‚Vision' des ‚Meeres' (wie ich sie geschildert habe) verlierst.[16] Man muss ein Bild ausgiebig betrachten, aber nicht zu lange. Im Film ist es anders, man kann kein Bild ausgiebig betrachten, weil schon schnell das nächste kommt. R. Barthes meint daher, dass der Film zu ständiger Gefräßigkeit zwingt, da man kein Bild für sich genussvoll konsumieren kann.[17] Und so wird im Verfahren der *Analytischen Psychokatharsis* das ‚Visionäre' durch die Anwendung der *Formel-Worte* immer in klarer visueller und auch für die folgenden *Pass-Worte* in logischer Distanz gehalten. Dieser Aspekt ist ganz wesentlich, sie hält wie schon betont das Wort- und Bild-Wirkende engstens in einer streng formalisierten Weise (ganz definitive Überdeterminierung) zusammen. Hätte man diese klare Führung nicht, könnte man freilich in alptraumartige ‚Visionen' verfallen, wie sie die

---

[16] Blümle, C., Von der Heiden, A., Blickzähmung und Augentäuschung, diaphanes (2005). „Weil das Bild jener Schein ist, der behauptet, er sei das, was den Schein gibt, steht Platon auf gegen die Malerei als eine Aktivität, die mit der seinen rivalisiert. Dieses andere ist das ›klein a‹, um das ein Kampf geführt wird, dessen Seele die Augentäuschung ist" (Lacan).
[17] Barthes, R., Die helle Kammer, Suhrkamp (1989) S. 65f

noch wild und unkontrolliert meditierenden Mystiker und Eremiten a la Antonius erleben mussten, der sich bekanntlich mehrmals in die Wüste zurückzog, wo er von quälenden Schreckensszenarien verfolgt wurde. Hässliche Fratzen, wilde Tiere und Monstergestalten suchten ihn heim. Der Maler Max Ernst hat diese seelischen Foltern trefflich dargestellt und bekam sogar in einen Wettbewerb den ersten Preis dafür. Antonius soll – trotz oder wegen seiner Askese und Halluzinose – hundertvier Jahre alt geworden sein. Auch von vielen alttestamentarischen Figuren, von Buddha und indischen Heiligen wird dies erzählt, und so muss ich freilich ergänzen, dass das ‚Meer‘ gut zu dem passt, was man in der Psychoanalyse die ‚präödipale Mutter‘ nennt (die nahe Bezugsfigur vor der Entstehung der Ödipus-Situation). Sie ist die Verführerische, aber auch die Gefräßige, die man also zwar ausgiebig, aber nicht zu lange betrachten soll. Gemeint ist das Verharren im frühen, unbewussten Phantasma, denn die Neurotiker genießen eine derartige Phantasie zu lange und zu intensiv.

Die ‚präödipale Mutter‘ wird in der Ödipus Sage durch die Sphinx repräsentiert, im alten Orient durch die mutterrechtliche Ishtar und ist im modernen Menschen eben im unbewussten Kernphantasma vorhanden. Dieses Phantasma trägt entscheidend zu den Formen des Verlangens und Begehrens des heutigen Menschen bei, aber auf ein solches kann man eben auch für eine volle, pralle Lebensgestaltung nicht ganz verzichten. Ich nutze in der *Analytischen Psychokatharsis* für den Sprung von der ‚Vision' zur ‚Rhetorik' des *Pass-Wortes* die volle Katharsis in konstruktiver Weise.[18] Wenn man den Sprung im Auge hat, wird man beim ‚Meer' und der ‚präödipalen Mutter' nicht lange verbeiben. Er hat aber seinen Sinn, dass er eben den engen, konkretistischen Zusammenhang des Bild-Wort-Wirkenden überhaupt möglich macht.

---

[18] Weitere Erklärungen zu den *Pass-Worten* später.

2. Bild-Wort-Wirkendes

Wir sind also Film. Wir sind Bild und Ton, Leinwand und Lautsprecher, Poet und Produzent. Wir sind Theater, sind Bühne und Rezitator. Wir sind Performanz Künstler. Dies konnte man am besten in der neuen Inszenierung des ‚Tannhäuser' (2019 in Bayreuth) sehen, wo das etwas schwülstig, antiquiert hochtrabende Werk Richard Wagners von modernen, schrillen Queer-Personen durchsetzt war. Die Liebesgöttin Venus, der chondrodystrophische Zwerg, der Blechtrommler Oskar und die Dragqueen Le Gateau Chocolat, stürmen in dem gleichzeitig über der Opernbühne zu sehenden Videofilm das Theater. Der Film zeigt, was hinter den Kulissen passiert und tatsächlich treten die Queer-Protagonisten im Film aus den Kulissen heraus, indem sie auch wirklich in der laufenden Opernveranstaltung auf der Bühne erscheinen. Und damit geht es erst richtig los.

Die Queer-Personen konterkarieren das pompöse, von Schwulst und Pathos überladene Stück Richard Wagners mit Slapstick- und Komödien-Einlagen. Immer wenn von der geradezu göttlichen Liebe, von Huld und Gnade und von der überzogen verbrecherischen Schuld Tannhäusers gesungen wird, mischt Venus, eng gedresst im Glitzerfummel, oder die Dragqueen im Plüschtüll, die Szene mit lasziver Gestik auf. Schließlich hat Tannhäuser ja nichts anderes getan, als dass er Elisabeth, seine Verlobte, verlassen und mit der Liebesgöttin den

‚Venusberg' bestiegen, neuzeitlich gesagt: einen oder mehrere Sexualakte vollzogen hat. Dass man deswegen zu Verbannung und zu Höchststrafen verurteilt werden kann, ist heute nicht mehr so nachvollziehbar.

Als Tannhäuser nämlich reumütig zurückgekommen sich mit seiner Verlobten wieder versöhnte, kam es zum Sängerstreit auf der Wartburg, bei dem alle die Hohe Minne und die bis zur transzendenten Selbstlosigkeit gehende Treue besingen, nur Tannhäuser platzt wieder mit dem Fauxpas heraus. Er kann nicht anders als wieder vom Original-Genuss der Liebe zu tönen und von der Freiheit allen Wollens, Strebens und Begehrens.[19] Gepolter bricht aus, der Vater der Verlobten verweist ihn von der Burg und rät ihm nach Rom zum Papst zu pilgern, um dort einen Gnadendispens zu erreichen, dann könne er wiederkommen. Papa diszipliniert sein unstetes Söhnchen.

Kontrapunktisch schmust Venus während dieses väterlichen Schuldspruches mit Tannhäuser herum, doch das queere Spiel wird im dritten Akt zur krassen Infantilitätsveranstaltung, indem sich nach Tannhäusers Rückkehr (weiter schuldbeladen und ohne Dispens) sein Rivale Wolfram von Eschenbach (entgegen Wagner Darstellung) mit Elisabeth im Bett tummelt, während gleichzeitig nach Wagners Libretto und Musik, Treue und Tod geschluchzt und geschmettert werden. Elisa-

---

[19] Richard Wagners Motto lautete: Frei im Wollen, frei im Tun, frei im Genießen!

beth stirbt, und freilich ist es völlig unzeitgemäß, dass nun der Anblick der toten Elisabeth Tannhäuser zum braven Musterbürger wandelt und ihn nun auch noch selbst sterben lässt. Die Queer-Personen bieten dazu keine Alternative, denn spätestens da wird klar, dass wir selbst alle diese in sich gespaltenen Figuren darstellen und man sich auf keine Seite stellen kann, nicht auf die der Venus im Glitzerbody und nicht auf die der überfrommen Elisabeth im Engelskleid.

In all diesen Bild- und Blick-Medien, Oper, Film, Romaneske etc. ist das Ich nicht selbst der Regisseur. Das Ego ist eher so etwas wie der Regieassistent, doch dann auch wieder nur der Schauspieler, Sänger, Beobachter, Kameramann. Was das Bild angeht handelt es sich bezüglich des Menschen, der um seine filmische Performanz bemüht ist – um einen Kampf zwischen Auge und Blick. Die Konfrontation, Verwicklung aber auch Kombination von Auge und Blick vereinfacht die Darstellung von uns als Bild-Wirkendem, als imaginärem Signifikanten.[20] Man weiß dann, wo was hingehört und wie es zu verstehen ist. Lacan hat in seinem 11. Seminar dazu ausführlich Stellung genommen, und der ‚Tannhäuser' hat es auch vermittelt: das Auge ruhte auf Wagner, aber der Blick verfiel der Venus.

Schwer zu sagen was das wesentlich Bestimmende ist, wenn es – beispielsweise – um die Wahrheit geht und

---

[20] Metz, C., Der imaginäre Signifikant, Psychoanalyse und Kino, Nodus (2000)

dies vor allem um die Beziehung von Mann und Frau wie bei Tannhäuser. Wenn man spricht, wenn es also Diskurse gibt, Redeweisen und nicht nur Bilder, taucht die Notwendigkeit auf, dass dieses Sprechen auch klar, logisch und verständlich sein muss, um Sinn zu erzeugen. Somit bleibt weiter die Frage im Raum: warum wählt man eigentlich so ein kompliziertes Milieu wie die Sprache, um sich zu vermitteln? Warum spricht man eigentlich und lacht es, gestikuliert es, tanzt es und virtualisiert es nicht aus sich heraus noch heftiger und deftiger als in Wagners queer gestylter Oper?

Den Tieren passiert das nicht, sich so zu verstricken. Sie nutzen nur eine Signalsprache und keine Symbolsprache. Sie gebrauchen Zeichen, die sie nicht vom Handlungsbezug ablösen können, während die Menschen Signifikanten verwenden, die Zeichen eines Subjekts darstellen, eines uferlosen Ichs. Signifikanten sind, wie gesagt, Bild-Wort-Wirkendes, in deren Strudel wir also alle mehr oder weniger grundlos herumkreisen, anstatt zu malen, zu tanzen oder – und das muss jetzt natürlich noch dazu kommen – Sex zu haben. Nein, falsch! Grober Fehler. Eben weil es kein wirklich sexuelles Verhältnis gibt – ein Standartsatz von Lacan, den er in allen seinen Seminaren ganz oben hin stellte – faseln wir herum, dreschen Phrasen, sprechen und filmen wir.

Freilich existieren sexuelle Begegnungen, es geschieht etwas, und diesbezüglich besteht sogar eine Notwendigkeit, um menschliches Leben fortzupflanzen. Aber während die Tiere diese Art von Sex exakt ihren Instinkten folgend vollziehen, macht der Mensch einen Riesentrouble um diese Begegnungen herum, ohne zu wissen, was die Geschlechtsbeziehung eigentlich formt, eigentlich definiert und bestimmend macht. Oder wie Lacan weiterhin meint, es veri- und quantifiziert! In dem Moment nämlich, wo gesprochen wird, wo Diskurs vorhanden ist, und das ist beim Menschen ständig der Fall, ist die Notwendigkeit eben die, die sich mit der Logik im Kreis dieses Diskurses um die Wahrheit dreht, also um das, um das es wirklich geht. Aber man kommt nicht dazu es definitiv zu sagen.

Denn wo es sich um die Wahrheit der sexuellen Beziehung handelt, die sich in „würgenden Geräuschen und Stille" vollzieht, wie es die Nobelpreisträgerin E. Morrison einmal beschrieb, wird diese Scheinnotwendigkeit samt Scheindiskurs und Scheinlogik erst recht brisant. Der Mann kommt immer zu früh oder auf dem Höhepunkt seiner Angst, heißt es. Und indem er nicht mehr weiter weiß, geht es in diesen sexuell genannten Begegnungen stets daneben. Auch wenn es für die Fortpflanzung gerade noch genügt, für das Wesen, die Wahrheit, die Diskurstatsache der sexuellen Beziehung, bleibt es – so Lacan – eine ‚Freud'sche Fehlleistung', ein Danebengehen, ein Patzer. Es ist überhaupt nicht zu verstehen, warum Schriftsteller sich immer wieder neu bemühen, diesen Patzer detailliert zu beschreiben.

In der FAS vom 7. 10. 2018 waren unter dem Titel ‚Schlechter Sex' einige Beispiele veröffentlicht, die die sexuelle Beziehung beschreiben, so von F. Schätzings

,Lautlos', B. Kirchhofs ,Die Liebe in groben Zügen', P. Coelhos ,Brida', T. Manns ,Lotte in Weimar', J. Frank ,Die Mittagsfrau' bis zu J. Franzens ,Freiheit' sowie noch etlichen anderen Literaturgrößen. Es wurden kurze Auszüge der Aktszenen textgetreu dem Leser vorgelegt: alles grauenvoll, peinlichst in ihrer Albernheit, künstlich durchwirkte Lachnummern, voll von spürbarer belletristischer Anstrengung, um die Verwindungen und das Aneinanderklatschen der Körper völlig unauthentisch und vor allem speziell aus männlicher Perspektive zu vermitteln. Na ja, die Frauen können das vielleicht auch nicht. Lacan meint, den Frauen fehle dazu etwas am „symbolischen Material", sie fänden also überhaupt die rechten Worte zum Eros nicht so zuverlässig, weder literarisch noch pragmatisch. Aber vielleicht wollen sie auch vom Sex nicht alles wissen oder liegt es nur an der „Unbekümmertheit (imprudence) ihres Sagens"? [21]

Notwendigkeit, Diskurs und Logik existieren nur in ihren Gegenseitigkeiten. Die Wahrheit und das Reale streifen sie nur am Rande. Auf jeden Fall kommen sie auch in modernen Romanen nur zurechtgestutzt zu Wort. Es liegt an der Buchstabenwirklichkeit, an dem Bild-Wort-Wirkenden, an den Diskurstatsachen eben, die im Dreieck von Notwendigkeit,

Abb. 1

---

[21] Schindler, R., Ein Liebesbrief Lacans an die Frauen, in ,Lacan-entziffern.de' vom 11. 10. 2018

Diskurs und Logik (siehe Abbildung oben) um die Wahrheit kreisen und in dem sich alle Begriffe gegenseitig bedingen, schreibt Lacan. [22]

Lacan teilt alles in die drei Kategorien des Realen, Symbolischen und Imaginären ein, und so wohnt dem Sprechen (dem Symbolischen) somit eine gewisse Täuschung (das Imaginäre) inne, auch wenn es damit möglich ist, Sinn zu erzeugen. Von der Spur des Realen ist aber nur wenig zu sehen. Man kann das besonders heutzutage erkennen, wo wir ungeheuer viel an zu Sprechendem in digitalen, politischen, gedruckten, virtuellen, sozialen und weiß Gott noch welchen Medien herumwirbeln, und dabei vorwiegend Lügen, Fälschungen, Tricks und Fakes erfahren. Auch deswegen funktioniert ja das Geschlechtsverhältnis nicht, weil definitiv nichts vom ihm gesagt und vor allem auch geschrieben werden kann, es also am Realen vorbeigeht.

Man hat immer schon von der Kluft zwischen Mann und Frau geredet, doch war dies ein viel zu unspezifischer und noch dazu hässlich negativer Ausdruck. Andere sprachen von der Geschlechterspannung, doch bleibt diese angespannt in der Luft hängen, oder gibt es jemand, der gezeigt hätte, wie sie gelöst wird? Man kann auch Bataille zitieren, der schreibt: „Niemand

---

[22] Lacan, J., Seminaire XIX, Seuil (2011). Ich füge den Begriff Wahrheit hier schon ein, denn letztlich muss es ja irgendetwas geben, was das alles verursacht und wovon man wissen will, wie es lautet.

zweifelt an der Hässlichkeit des Sexualaktes. Wie der Tod bei der Opferung, so versetzt uns die Hässlichkeit bei der Paarung in Furcht".[23] Es handelt sich von der Psychoanalyse her gesehen speziell um dieses Verhältnis, das die Beziehung von männlich / weiblich, von Mann und Frau zueinander, ausmacht, und um das drum herum geredet werden muss und nie etwas Authentisches, Direktes davon vermittelt wird.

Transgender

Daran ändern auch die modernen Transgenderdiskussionen nichts, in denen die Auffassung vertreten wird, dass ein perfekter Wechsel des Geschlechts und damit Kenntnis beider Identitäten von einer Person erfahren werden kann und somit Kluft und Spannung überwunden sind. Man braucht dann von der sexuellen Beziehung nicht mehr zu reden, man ist sie ja, verwirklicht sie ja in sich selbst. Tatsächlich, man muss sie auch nicht tanzen und musizieren, man sexuiert sie einfach. Doch gerade das wollen die Transsexuellen nicht hören, die es deswegen auch vorziehen als Transgender-Personen und nicht als Transsexuelle bezeichnet zu werden. Sie wollen nämlich nicht das andere ‚Geschlecht‘ im eingeengten Sinne sein, sondern die andere Person, behaupten sie stets.

Diese Transgenderthematik hat man bereits im altgriechischen Mythos vom ‚Seher‘ Theresias erörtert. Nach-

---

[23] Bataille, G., Die Erotik, Matthes Seitz (1994) S. 140f

dem der junge Theresias, Sohn eines Schafhirten, ein Paar sich begattender Schlangen beobachtet und die weibliche getötet hatte, verwandelte die Zeus Gattin Hera ihn in eine Frau. Als Hera ihn zurückverwandelnd nach zehn Jahren fragte, wer denn nun beim Lieben mehr genieße, Mann oder Frau, er müsse es als der optimale Transgender doch nun wissen, sagte Theresias: als Frau zehnmal mehr! Prompt schlug Hera ihn mit Blindheit, denn das wollte sie schon gar nicht hören. Nachdem ihr Gatte eine Affäre nach der anderen produzierte, wollte sie ihm beweisen, dass die Frauen gar nicht so viel davon hätten und das Ganze nur eine Lustwut der Männer wäre. Zeus milderte Heras Verdammung zur Blindheit etwas ab und verlieh Theresias die Sehergabe. Aber wie die psychoanalytischen Deutungen, waren auch die Visionen von Theresias nicht immer perfekt, indem ja auch seine Rede von dem ‚Zehnmal-mehr' wohl nicht so ganz gestimmt hat, um nicht zu sagen, irgendwie irrelevant war.

Freud wusste jedenfalls überhaupt nicht, was bei den Frauen los war. Mit seinem berühmt gewordenen Satz „Was will das Weib"? erhoffte er sich wenigstens von den angehenden Psychoanalytikerinnen, eine Antwort zu bekommen. Gefühle, erotische Selbstbestimmung, sagten sie, aber eine Antwort auf seine Frage bekam er nicht. Das liegt freilich auch daran, dass er nach dem Willen fragte und nicht nach dem Wollen. Was ist das Wollen der Frau? Vielleicht – wenn Theresias sich schon bezüglich seines Frauseins so *übertrieben* geoutet hat – geben die Transgender eine passendere Antwort.

Mir fällt bei der Transgenderthematik, bei dieser Verwandlung von Mann in Frau und umgekehrt, immer der theologische Begriff der Transsubstantiation ein. Bekanntlich war es von Anfang an schwierig den Menschen zu erklären, warum und wie der Leib Christi in der Hostie gegenwärtig ist. Physisch oder nur gedanklich galten, wegen der zu simplen Vordergründigkeit der beiden Begriffe, als ausgeschlossen. Aber substanziell, substanzhaft wie im griechischen Begriff der ‚ousia' vorgebahnt, konnte als Konzept für den Übertragungsvorgang vom Substanziellen des Leibes Christi in die alltägliche Hostie durchgehen. Trotzdem blieb noch alles offen, denn wie genau muss man sich die Transsubstantiation vorstellen, als substanzielles Element zu substanziellem Element, als – wörtlich übersetzt – selbständiges Nennwort zu selbständigem Nennwort, oder doch einfach als Phonem zu Phonem, als Pixel zu Pixel?

Phonem, das Wort-Wirkende oder was ich verkürzt und speziell aufs Unbewusste bezogen ein Es *Spricht* nenne, und Pixel, das Bild-Wirkende, das ich verkürzt und ebenso vorwiegend ein unbewusstes Es *Strahlt* nenne, sind die kleinsten bedeutungsunterscheidenden sprachlichen und bildlichen Einheiten. So stellen sie nämlich die kompaktesten Elemente für solch einen Übertragungs- / Unterstellungsvorgang dar, will man einmal vom religiösen Mythos absehen, für den einfach ein G, o und doppeltes t genügen, und psychoanalytisch argumentieren. Während das Es *Spricht* im Symbolischen zu Hause ist, ist das Es *Strahlt* für das Imaginäre zuständig, und zudem haben beide wenigstens ein bisschen mehr Anteil am Realen. Elementarer und kompakter kann man sich keine Einheit vorstellen, und so war vielleicht der ‚Urknall' schon solch ein *Spricht* und das *Strahlt* der Ausgangspunkt eines ‚inflationär ausstrahlenden' Universums.[24]

Auf jeden Fall könnte man sich bei der Transsubstantiation der Geschlechter auch fragen, ob derartige Einheiten die sexuelle Beziehung wenigstens abstrakt theoretisch erklären würden. Wo liegt die wichtigste Umschaltstelle bei der Geschlechtsumwandlung, ob im Gehirn oder im Unbewussten, ist ja egal. Hormonbehandlung und geschlechtsangleichende Operationen tun zusätzlich das ihre. Aber gibt es (mit Hilfe vom Phonem als der symbolischen und dem Pixel als der imaginären Einheit) eine wenigstens wissenschaftlich abstrakte Begründung für diese Existenz oder Nichtexistenz der sexuellen Beziehung?

Zumindest geht es bei den Transgendern um etwas Analoges, Ähnliches, wie ich es mit dem Begriff der Transsubstantiation und deren Elementen versuche. Was ein Transgender ist, ist ein bisschen kompliziert zu sagen, dennoch hat es die ungarisch jüdische Autorin Susan Faludi in einem Buch ganz originell zu beschrei-

---

[24] Die inflationäre Expansion als Anfang des Universums wurde vom Physiker A. Guth 1981 aufgestellt und gilt bis heute

ben versucht.[25] „Die Autorin", so ein Kommentar in der SZ vom 4. 11. 18, „bekommt eine E-Mail von ihrem Vater. Die beiden hatten seit 25 Jahren wenig Kontakt, während der Scheidung der Eltern in den Siebzigerjahren war es zu gewalttätigen Szenen gekommen, so dass die Tochter den Vater auf Abstand hielt. „Liebe Susan", schreibt der Vater jetzt, als wäre nie etwas gewesen, „ich habe interessante Neuigkeiten für dich. Ich bin zu dem Schluss gelangt, dass ich lange genug den aggressiven Macho gespielt habe, der ich innerlich nie war." Anbei Fotos des Vaters in Rock und Rüschenbluse. Sie zeigen ihn, nein: sie nach einer geschlechtsangleichenden Operation in Thailand. Die Unterschrift lautet: ‚Love, your parent Stefánie'.

Kurze Zeit später reist Faludi nach Budapest. Ihr Vater stammt von dort und lebt wieder da, seit die Familie in den USA auseinandergebrochen ist. „Konnte eine neue Identität die vorangegangene nicht nur ablösen, sondern gleich vollständig auslöschen", fragt sich Susan Faludi. Sie findet eine alte Dame vor, an der ihr zumindest eine entnervende Angewohnheit vertraut ist: Sie redet ohne Unterlass und wischt unerwünschte Einwände lapidar beiseite." Die Autorin stellt wohl zurecht fest, dass der Wechsel des Geschlechts nichts an der eigentlichen Identität ihres Vaters geändert hat, der nun was ist, Mutter, Frau, ältere Tante oder ‚Androgyn'?

---

[25] Faludi, S., Die Perlenohrringe meines Vaters, dtv (2018)

Der Vater Faludis war immer noch zumindest ein wenig der alte Macho geblieben, und so fragt sich natürlich, was geschlechtliche Identität eigentlich ist. Faludi „bezieht sich auf den Psychoanalytiker Erik H. Erikson, der in den Sechzigerjahren über das ‚subjektive Gefühl einer bekräftigenden Gleichheit und Kontinuität' schrieb". Ich glaube jedoch, dass die Ableitung der Identität von den Genen oder den sozialen Gründen nicht genügt. Bei ihrem Vater war sich die Autorin ziemlich sicher, dass sein Leben vorher auch schon immer aus verdeckten Wechselspielen bestanden hat. So weist sie auf die vielen Verkörperungen ihres Vaters hin: Jude im Budapest des Zweiten Weltkriegs, dann Abenteurer im Amazonasgebiet und All-American Dad und heute eben eine Frau, die ihr Judentum wiederentdeckt hat. Jedenfalls führt der Psychoanalytiker den Identitätswechsel auf das Unbewusste zurück, das Lacan als „linguistischen Kristall" bezeichnet, als etwas, das in Phonemen *Spricht* (linguistisch) und in Pixeln (kristallin) *Strahlt*.[26]

Lacan sprach auch vom „transsexuellen Delir", also von einer wahnhaften Identität, von der vielleicht kein Mensch ganz frei ist, die aber den Namen zurecht verdient, wenn sie zu ausgeprägt, zu gefestigt und fixiert ist. Das konnte ich bei meiner Tätigkeit in der Psychiatrie oft beobachten, wo der reine Paranoiker immer eine logische Erklärung im Brustton massivster Überzeu-

---

[26] Weitere Begriffserklärungen dazu, in denen ich das Unbewusste ein Es *Spricht* und ein Es *Strahlt* nenne, später.

gung parat hatte. Notfalls war es der amerikanische Geheimdienst, der Schuld an den Lebensverwicklungen war, denn von dem weiß man ja, dass er zu allem fähig ist. Die Transgenderthematik ist freilich komplizierter als eine einfache Paranoia.

Im SZ-Magazin vom 7. 12. 18 wurde über zwei Transmenschen, einem Mann und einer Frau, berichtet, die beide zumindest äußerlich perfekt dem neu gewählten Geschlecht entsprachen. Beide hatten sich schon früh dem anderen Geschlecht ähnlich gefühlt. Bei beiden war wohl die Angleichung der Genitalien nach hormoneller und kosmetischer Vorbereitung nicht so perfekt, sie betonten jedoch – wie schon erwähnt – sehr explizit, dass es ihnen hauptsächlich um die psycho-soziale Veränderung gegangen sei, um ihre völlige ‚Transition‘ wie sie sagten, nicht um die Sexualität. Und selbst wenn die Sexualität miteingeschlossen ist, finden sich beide jetzt großartiger, interessanter, wichtiger, besser. Ist das ein Delir?

Sie haben große Mühen und Leiden auf sich genommen, keine Frage. Sie sind vielschichtiger geworden, differenzierter. Aber haben sie sich wirklich – wie es S. Faludi bei ihrem Vater auch gefragt hat – so weitgehend verändert, dass der frühere Junge (in dem gerade geschilderten Fall bis zum 20. Lebensjahr) oder die junge Frau (bis zum 37. Lebensjahr) kaum noch eine Rolle spielen? Kann man – erneut gefragt – den psychisch-biologischen Mix wirklich so trennen, wirklich so transitieren, ja transsubstantiieren? Oder verwirklichen sie jetzt einen Mix aus beiden, der jetzt nur schwerpunktmäßig auf dem neuen Geschlecht liegt? Doch dann hätten sie ein vergleichbares Problem wie die Intersexuellen, die Hermaphroditen z. B., die sich im Leben mit der zweifachen Biologie schwer tun und sich dann meist doch für eine Seite entscheiden. Oder hat vielleicht das Bild-Wirkende über das Wort-Wirkende triumphiert, denn man hat das Gefühl, dass sich die Menschen in all diesen Identitäten vorwiegend spiegeln und diesen Spiegel jedoch nicht durchbrechen. Sie beharren unwahrscheinlich auf dem anderen Geschlecht, doch wie verworten sie das, wie setzen sie das in der Wort-Wirklichkeit um?

Die Transmenschen betonen gerne, dass die Ursache für ihr Leiden angeboren oder innerlich fixiert ist und durch das eben anders gepolte Gehirn bewirkt wird. Aber wie können die Gene zu einem männlichen Körper ein völlig weibliches Gehirn schaffen? *Am* Unbewussten kann es nicht liegen, denn Freud bewies, dass das Unbewusste die Unterscheidung Mann / Frau nicht kennt. Es könnte höchstens *im* Unbewussten liegen. Lacan schreibt, dass der sogenannte ‚kleine Unterschied‘ eine Wort-Wirklichkeit ist, ein Wortspiel mit den kleinen Äußerlichkeiten. Wenn man aber das Geschlecht wechseln will, muss „man einen Preis auf diesen ‚kleinen Unterschied‘ zahlen, der durch Vermittlung des Organs auf trügerische Weise ins Reale übergeht, und zwar dadurch, dass es aufhört für ein solches gehalten zu werden, wobei es zugleich enthüllt, was es heißt, ein

Organ zu sein, nämlich, dass es sich doch sehr erheblich auf die Wort-Wirklichkeit gründet". Und weiter:

„Der Transsexuelle will das Organ nicht mehr als Wortwirklichkeit und erliegt so einem ganz gewöhnlichen Irrtum", indem er das Bild-Wirkende des Genießens und der Lust total von der Wort-Wirklichkeit der Nominierung, Substantiierung, als Mann oder Frau trennt. „Er will durch den sexuellen Diskurs, der – wie ich behaupte – unmöglich ist, nicht mehr witzhaft durch den ,kleinen Unterschied' definiert, erfasst, bestätigt und nominiert werden".[27] Deswegen versucht er den Diskurs durch eine Verwandlung zu erzwingen, so Lacan. Und deswegen sagt er, dass es ihm generell um Identität geht und behauptet, dass Gene, Gehirn oder einfach eine innere Überzeugung ihn dazu gezwungen haben und nicht eine Verschiebung der Bild- und Wortwirklichkeiten.

Nach Lacan ist der Transgender sozusagen humorlos und kann also das Wortspiel, den Wortwitz mit dem ,kleinen Unterschied' nicht mitmachen. In vielen asiatischen Ländern gibt es oft mehr als vier oder fünf Geschlechts-Identitäten, aber sie haben alle etwas leicht Obsessionelles, Affektioniertes an sich. Einer der ersten Psychoanalytiker, der mit Freud eng korrespondierte, war interessanterweise der Inder G. Bose. Er entwickelte im Gegenzug zu Freuds Definition des Ödipuskomplexes den Komplex der „gegensätzlichen Wünsche"

---

[27] Lacan, J., Seminar XIX vom 8. 12. 71

(opposite wishes) oder Affekte. Der von Freud konstatierten ‚Kastrationsangst' des Knaben setzte er zum Beispiel den „unbewussten Wunsch des Mannes eine Frau zu sein" gegenüber und dem sogenannten Freud'schen ‚Penisneid' der Frau den „unbewussten Wunsch, ein Mann sein zu wollen." Diese unbewussten Wünsche mussten dann vom Therapeuten dem Patienten bewusst gemacht und mit der äußerlichen Situation versöhnt werden.

Bei Bose verhielt es sich – was die Transgenderproblematik angeht – jedoch oft umgekehrt. Während bei uns im Westen die Tendenz besteht, dass sich heute auffallend mehr Menschen als im falschen Körper aufgewachsen fühlen, zwang Bose seine Klienten, die meist nicht transsexuell waren, ganz intensiv mit dieser Identität des anderen Geschlechts zu verschmelzen, was oft negative therapeutische Reaktionen hervorrief. Vielen konnte er aber auch helfen, was letztendlich zu der gleichen Geltendmachung führt, wie ich sie oben erwähnt habe. Die Soziologin G. Lindemann, die eine ausführliche Dokumentation zur Transgenderproblematik schon in den Neunzigerjahren des letzten Jahrhunderts vorgelegt hat, schreibt sehr klar, dass die Transgender genau so wie die anderen Menschen das sein wollen, was in deren Augen eben nicht nur geschlechtliches, sondern Sein in jeglicher Hinsicht ist:

„Wir alle sind Frauen oder Männer, indem wir den Eindruck erwecken, wir seien es. Wenn ich das Haus verlasse und einen Nachbarn grüße, tue ich das, ohne darüber unbedingt nachdenken zu müssen, auf eine Weise, die für alle glaubhaft macht, eine Frau verlässt das Haus. . . . Bei Transsexuellen wird folglich nur die Reflexivität sichtbar, die auch für das Frau- bzw. Mann sein von Nichttranssexuellen konstitutiv ist".[28] Oder anders ausgedrückt: latent sind wir alle Transgender, wir sind aber mit dem uns angeborenen und sozial weiter formenden Geschlecht zurande gekommen und brauchen deswegen keine Veränderung und Diskussion darüber. Noch idealer hat es T. Schachl formuliert, wenn sie die Bewegung beschreibt, die „in verschiedenen Stadien der Sichtbarkeit: von der Diagnose transsexuell über die präoperative transsoziale Phase des Outings und des Ankommens im gewissermaßen unsichtbaren Ganz Normalen" verläuft.[29]

Obwohl Schachl „Metapher Forscherin" ist, Fachfrau für die Phoneme, erkennt sie, dass die Transgenderproblematik in „der Betonung von ‚Sehen', ‚Sichtbarkeit' und ‚Bildern' [also der Inflation von Pixeln], liegt. Sie spricht vom ‚Banner der Sichtbarkeit', für das ein ungeheuer hoher Preis gezahlt wird", um dieses perfekte Bild des um die zwei Ecken des Geschlechtlichen und des möglichst Normalen sich Drehenden darstellen zu können. Nichts freut die traditionelle Allgemeinheit mehr, als dass dadurch Grenzziehungen geboten werden, mit der man sich vor sich selbst als eben traditioneller All-

---

[28] Lindemann, G., Das paradoxe Geschlecht, Fischer (1993)
[29] Schachl, T., Transsexuell, eine sichtbare Bewegung ins Unsichtbare, Profil (1997)

gemeinmensch schützen kann. Denn in Wirklichkeit enden Transgender wie alle anderen auch in einer um die zwei Ecken herum stumm bleibenden ‚Unsichtbarkeit', schreibt Schachl. Der Transgender fühlt sich in seinem Erstgeschlecht nicht wahrgenommen, nicht bestätigt, und so versucht er nun um dieser Bestätigung und des Wahrgenommen Seins willen, das Geschlecht zu wechseln, weil er gesehen hat und glaubt, dass es in dieser Form funktionieren wird, normal funktionieren wird. Die Betonung liegt auf der Normierung.

„Damit . . . etwas Sinn hat, ist es notwendig, dass es sich als normal darstellt. Deshalb wollte André Gide, dass die Homosexualität normal wäre. Und da Sie vielleicht Echos davon haben können, in dieser Richtung gibt es eine Menge: Das wird in Nullkommanichts unter die Glocke des Normalen fallen, so sehr, dass wir neue Klienten in Psychoanalyse haben werden, die uns dann sagen: „Ich suche Sie auf, *parce que je ne pédale pas normalement* – weil ich nicht normal ticke / weil ich nicht normal schwul bin." [30]

Mit anderen Worten: der Begriff, das Pathos, des Normalen hat uns alle so im Griff, dass wir ständig beweisen müssen, dass wir ganz normal geldgierig, normal machthungrig, normal gewalttätig und normal sexistisch sind. Ich habe das schon bei der Transgenderthematik gezeigt, dass man dort nicht das Gegengeschlechtliche sein will, sondern zuerst einmal das sichtbar gemachte

---

[30] Nemitz., R, in Lacan-entziffern, Übersetzung Seminar 19/V

Andere, und dann ganz speziell auch noch das normal Andere. Die schon von vornherein Stinknormalen freuen sich darüber, dass man ihnen dieses ‚Von-Vornherein' damit voll zugesteht. Das ist die Masche unseres Zeitalters, das daher keinesfalls besser und fortschrittlicher ist als das der Neandertaler. Wir sind erfolgreicher, gewiss, größer, stärker in Technik und Naturbeherrschung, aber wirklich fortschrittlicher im wahren Sinne sind wir nicht. Wir wollen uns selbst zur Normalität erklären, das Wir gewinnt, aber inzwischen gibt es Tausende von Wirs. Doch ich muss hier keine Moral predigen, ich stelle nur mein Verfahren vor, ob er es nutzen will oder nicht, kann jeder selbst entscheiden. Ich muss nur erklären, warum die gelungene Koordination und Kombination von Phonem und Pixel dafür so wichtig ist.

Gelungen ist zwar kein wissenschaftlicher Ausdruck, aber offensichtlich kann man die Welt der Sprachlaute, des *Spricht*, mit der der Bildflecken, das *Strahlt*, in einer Weise kombinieren, die mehr oder weniger fortschrittlich für das einzelne Subjekt ist. Ich bin auf die ganz subjektbezogenen Ergebnisse Einzelner angewiesen, die die *Analytische Psychokatharsis* anwenden, um Aussagen darüber machen zu können, die gesammelt und nach wissenschaftlichen Kriterien geordnet, auch nachhaltig als Wissenschaft Bestand haben. Dazu gehören speziell auch die *Pass-Worte* anderer Personen, die mir mitgeteilt worden sind und über die ich mit den betreffenden Probanden geredet habe.

Man braucht also Pixel, Bild-Wirkendes, um sich sichtbar zu machen, aber fehlen nicht die dazugehörigen Phoneme, das Wort-Wirkende? Ich will einen neuen Anlauf im nächsten Kapitel machen und gleichzeitig hier ein Schema anhängen, das die verschiedenen genutzten Begriffe in ihrer Korrelation darstellt.

Bild-Wirkendes	Wort-Wirkendes
imaginärer Signifikant	verbaler Signifikant
Es Strahlt	Es Spricht
Schautrieb	Sprechtrieb
Pixel	Phonem

3. Das Dreieck der Wahrheit

Das Verfahren der *Analytischen Psychokatharsis* könnte gut aus der geschlechtlichen Identitätsfrage helfen, wie ich an einem von mir selbst erfahrenen Beispiel zeigen will. Hier vorab nur kurz: ich hatte beim Üben der *Analytischen Psychokatharsis*, wo neben der kathartischen Erfahrung auch ein nach innen gerichtetes ‚Hören' eine Rolle spielt, wie von weit her den Gedanken vernommen: „Sag deinen Mädchennamen"! Seltsam! Kurios, aber für mich bald klar: beschäftige dich mit der weiblichen Seite in dir, beschäftige dich mit der Transgenderthematik. Es genügt ja nicht nur zu wissen, dass man jetzt als *eindeutig* Mann oder Frau angesehen wird, man muss es in dem substanziellen Sinn auch sein und darin bestätigt werden. Und nichts ist besser, als dies in einem ursprünglichen Namen, einem ‚Eigennamen', einem Pixel-Phonem-Namen (Bild-Wort-Wirkendes) zu verifizieren.

Es gehört nicht viel dazu, um solch ein Identitäts- bzw. *Pass-Wort* wie dem Spruch mit dem ‚Mädchennamen' in den druckreifen Text zu übersetzen, bei dem es also um das Bild der Frau in mir selbst ging. Die ganze Sacher erinnert ja wieder sehr stark an den gerade oben erwähnten indischen Psychoanalytiker G. Bose und seine ‚opposite wishes'. Nun bedeutet dieser Spruch in meinem Fall nicht, irgendwie zur Frau werden zu wollen oder zu sollen. Es geht ja um den Namen, also um die Art aus dem ‚Herrendiskurs', wie Lacan die anfäng-

liche, vom Männlich-Herrschenden besetzte Sprechwei-
se nannte, zwar weniger einen weiblichen Diskurs als
mehr einen übergeordneten, beide Geschlechter verbin-
denden Diskurs zu machen, wie er eben mit der Psychoanalyse begonnen wurde..

Wir müssen nur eine neue, definitive Ordnung in das
Bild- und Wort-Wirkende bringen, also in das, was früher göttliche Statements, magische Naturflüsterungen
oder Kultur- und ‚Herrendiskurse‘ (naive Diskurse, wie
Lacan sie auch nennt) veranstaltet haben, um substanti-
elle Klarheit zu schaffen. Eine solche brauchen wir
nicht nur hinsichtlich des Transgenderdiskurses, wir
brauchen generell eine neue *Strahlt / Spricht*-
Kombination, in der Buchstaben als Bild und Ton ohnehin oft eine führende Rolle haben, denn als Bild- und
Wortwirkendes haben sie auch einen gewissen Bezug
zum Realen, das vor allem davon abhängt, wie Phonem
und Pixel, *Strahlt* und *Spricht* kombiniert sind.

„Das Reale ist schließlich das, wovon die gesamte
Funktion der Signifikanz beherrscht wird", schreibt
Lacan, doch obwohl es die „allgemeinste Funktion ist,
in der Signifikanz zu baden, kann man nicht alle Signifikanten zugleich erwischen", denn immer sind einige
davon verdrängt, liegen dazwischen, „sind *inter-dits*,
unter-sagt".[31] Und weiter: „Den Signifikanten, den verdrängten Signifikanten, sehe ich am häufigsten als
Buchstabe wiederkehren, so dass ich diesen Signifikan-

---

[31] Lacan, J., Seminaire XIX, Seuil (2011) S. 29-30

ten, na ja, mit einem Buchstaben verbildliche". Und dies tut eben auch das Unbewusste, indem es mir die Buchstaben des Mädchennamens dringend empfahl.

Wie erwähnt liegt es an Diskurstatsachen, die von mir bereits in dem Dreieck von Notwendigkeit, Diskurs und Logik (siehe erneut die Abbildung nebenan) gegenübergestellt sind. „In dem Augenblick, in dem man zum ersten Mal das Gebiet der eigentlichen Logik betritt . . . bedient man sich ebenfalls des Buchstabens. Keineswegs auf dieselbe Art und Weise wie die, bei welcher der Buchstabe an den Platz des wiederkehrenden Signifikanten zurückkehrt".[32] Damit meint Lacan das Phonem/Pixel-, das bild-wort-wirkende Konglomerat bei der Verdrängung, die bekanntlich sich Umwege sucht, um sich wieder ins Spiel zu bringen. Ein Beispiel für diese ‚Wiederkehr des signifikant Verdrängten' ist das von mir gehörte *Pass-Wort* des Mädchennamens, denn anscheinend habe ich nicht nur das Weibliche im pauschalen Sinne in mir zu weit verdrängt, sondern auch das Wesen des Namens nicht verstanden.

Noch akuter stellte sich die Verdrängung und deren Wiederkehr bei einem Versprecher meines Chefarztes bei einem Vortrag in der Klink dar, bei dem ein e durch ein o vertauscht wurde: mein Professor wollte von

---

[32] Lacan, J., Seminaire XIX, Seuil (2011) S. 26 und folg. S. 50

Kompetenz sprechen, sagte aber Kompotenz. Viele Studenten verstanden die peinliche Enthüllung und lachten. Der Professor selbst hat es – bedauerlicher oder glücklicher Weise – nicht bemerkt. Doch wie Lacan bemerkte, deckt diese Enthüllung zwar die Wahrheit auf, hat aber nichts mit der eigentlichen Logik zu tun, mit der ich mich im philosophischen Sinne hier nicht beschäftigen werde. Ich werde mich aber im Sinne des Lacanschen Diskurses um eine logische Argumentation bemühen.

Darin besteht die Notwendigkeit, doch wichtig ist die Wahrheit im Zentrum des Dreiecks. Es genügt schon ein Buchstabe, dass aus diesem Kreis der Signifikanten, der Diskursnotwenigkeiten, die Wahrheit aus dem Unbewussten herausblitzt, die die Ursache von all dem Geschwafel ist. „Wenn der Signifikant nicht da ist, wenn er verdrängt ist, dann muss es vom Signifikanten zum Buchstaben eine Art Transmutation geben, und dabei sollte man sich fragen, wie es dazu kommen kann. . . Jedenfalls lässt sich nicht vermeiden, dass man mit dem Thema des Buchstabens in einem Feld zu tun bekommt, das sich Mathematik nennt, an einem Ort, an dem man nicht einfach irgendwas schreiben kann . . wobei ich bereits behauptet habe, dass es den Dreh- und Angelpunkt jeder Lehre darstellt, anders gesagt, dass es Lehre nur als mathematische gibt, das Übrige ist ein Scherz".[33] Und dies gilt eben auch für die alltäglichsten Belehrungen, die man sich gegenseitig gibt.

---

[33] Lacan, J., Seminar XXI, Vortrag vom 23. 4. 1974

Fazit: keiner kann einem anderen etwas Wichtiges, Bedeutendes, Belehrendes mitteilen ohne der Dummheit zu verfallen. Denn die Wahrheit kommt nur zustande, wenn etwas aus dem Unbewussten des Einzelnen dabei mitwirkt und die Phonem/Pixel-, die *Strahlt / Spricht* Kombination aufgedeckt wird, so dass man sie versteht und evtl. ändern, verbessern und neu gestalten kann. Irgendeine gelehrsame Meinung zu vertreten genügt nicht. Bestes Beispiel: die Universität. Auch sie kreist in dem oben gezeichneten Dreieck herum, aber im Zentrum steht bei ihr nicht die Wahrheit, sondern das Wissen. Sie lehrt Wissen, das immer wieder durch neues Wissen vermehrt und ergänzt werden kann, aber im Rahmen welcher Wahrheitsfindung dies geschieht bleibt offen. Auf jeden Fall ging ich als Arzt von der Universität mit einem Kopf voller Wissen ins Leben und stellte dort fest, dass man kaum etwas davon gebrauchen konnte. Nicht zuletzt ist dies der Grund, warum so viele Leute heutzutage Angst vor der ‚Künstlichen Intelligenz' haben. Denn die weiß noch viel, viel mehr, aber das meiste ist völlig irrelevant.

In der Universität haben wir viel über die ausgefallensten Krankheiten gelernt, die uns später in der Praxis nie mehr begegnet sind. So z. B. über den Hyperparathyreoidismus (Überfunktion der Nebenschilddrüse), eine Krankheit die sich ideal für die Darstellung in der Pathologie, Inneren Medizin, Endokrinologie und Onkologie eignete, so dass man sie mehrfach gelehrt bekam. In meiner Praxis habe ich fünfundvierzig Jahre lang darauf geachtet, einen diesbezüglichen Patienten zu sehen, ich habe keinen einzigen gefunden. Die Krankheit ist wohl selten.

Die Wahrheit ist also das, was relevant ist, und wenn sie vom Wissen gestützt wird, ist das in Ordnung. Aber das Wissen muss eben der Wahrheit dienen, nicht umgekehrt, indem es ständig wieder neu in Umlauf gebracht wird. Dabei spielt die gerade oben genannte Transmutation des Buchstabens eine ganz große Rolle, was besonders beim Schreiben und bei der Schrift generell der Fall ist. Beim Sprechen kann man durch Modulationen der Stimme noch zusätzliche Aspekte ausdrücken, die aus der Schrift kaum erkenntlich zu machen sind. Man kann Rufzeichen und anderes verwenden, um Gefühlseffekte zu erzielen. Allerdings sind die Täuschungsmöglichkeiten, die im Sprechen wie im Schreiben stecken, die gleichen. Und überhaupt ist jeglicher „Diskurs aus einer Abwesenheit von Sinn gemacht. Kein Diskurs, der seinen Sinn nicht von einem anderen Diskurs empfangen müsste".[34]

Mit anderen Worten: alles was bisher gelehrt und gesagt worden ist, stellt stets nur die halbe Wahrheit dar. Die Wahrheit wird zwar durch einen Sinn ausgedrückt, aber sie ist deswegen so bedeutsam, weil sie die wesentliche Notwendigkeit in dem gezeigten Dreieck ist, die das Zirkulieren der Begriffe auch zum Halt bringen kann. So lag beispielsweise der Drang die Wahrheit zu finden, auch dem Postulat von Marx zugrunde, als er schrieb,

---

[34] Lacan, J., Seminar XVIII, Vortrag vom 17. 3. 1971

die Philosophie sei mit seinen Erörterungen an ihr Ende gekommen, jetzt müsse sie in Praxis umgesetzt werden. Marx hat gesehen, dass das ganze philosophische Gerede keinen Sinn macht und deswegen betont, man müsse diese kopflastigen Leute, wie etwa den Philosophen Hegel, umdrehen und auf die Füße stellen. Nachdem er 1871 jedoch mit seiner Pariser Kommune scheiterte, hat es Lenin später erneut versucht, die Philosophie in Praxis übergehen zu lassen. Doch auch sein Kommunismus ist heute gescheitert, und die Philosophen sind somit wieder zum Diskurs der Wahrheit aufgebrochen. Freud hat ein ähnliches Unterfangen begonnen.

Statt einen Diskurs auf gesellschaftlich-politischer Ebene zu starten, hat er es auf wissenschaftlich individueller Weise versucht, der Wahrheit Raum zu geben. Das universitäre Wissen war ihm zwar – wie ja angedeutet – suspekt, er nannte die Philosophen sublime Hysteriker und die Wissenschaftler – sich selbst einbeziehend – verfeinerte Paranoiker, aber den aus dem Unbewussten stammenden, transmutierten Buchstaben, traute er die Wahrheit zu. Damit war er einen Schritt weiter gegangen als Marx, hatte aber immer noch ein Problem mit der Wahrheit. Denn das Unbewusste musste in der psychoanalytischen Sitzung auf dem komplizierten Weg von „freier Assoziation" des Patienten und von „gleich schwebender Aufmerksamkeit" des Therapeuten geködert und zur Sprache gebracht werden, was nicht immer ausreichend gelang. Der Faden der Logik durfte nicht verloren gehen.

Deshalb hat sich Lacan intensiv mit der Mathematik abgegeben und erkannt, dass das Zählen mit 1, 2, 3, 4, usw. keine empirisch gesicherte Erkenntnis ist. Er hat deshalb die Formel aufgestellt, die er von der Praxis der psychoanalytischen Sitzungen her kannte, nämlich dass der Therapeut zwar eine Eins darstellt, die aber – da er und sein Patient nichts voneinander wissen – eine Null für die andere Eins repräsentiert, die eben der Patient ist (und umgekehrt gilt dies auch vom Patienten aus gesehen). Die nunmehr von Lacan im Rahmen der von ihm genannten „logischen Praxis" erstellte Formulierung der Null eins Null 1 $\emptyset$ 1 könnte ich genauso schreiben wie mein *Strahlt / Spricht,* wobei der Schrägstrich die Null des Realen darstellt.[35],

Doch jetzt ist Schluss mit dem Gerede. Jetzt will ich beweisen, dass ich einen Weg gefunden habe, das direkte, enthüllende Sprechen, den Diskurs, der Sinn hat, zu vermitteln, und das jeder selbst für sich nutzen und weiterentwickeln kann. Denn es geht um eine Psychoanalyse für alle. Ende der zwanziger Jahre des letzten Jahrhunderts hatte Sigmund Freud nämlich dafür plädiert, dass die Psychoanalyse nicht nur von Ärzten, sondern auch von Laien praktiziert werden sollte.[36] Ja, er hielt Ärzte fast eher für nicht so geeignet wie Nichtärzte, weil er der Auffassung war, Ärzte würden zu sehr im natur-

---

[35] Das Reale ist das Unmögliche, meint Lacan, es ist das, mit dem man nicht weiter kommt, das wie die Null nicht angreifbar ist, obwohl man mit ihr sehr massiv rechnen muss.
[36] Freud, S., GW Bd. XIV, S. 209 und 287

wissenschaftlichen und materialistischen Sinne geprägt sein, und so für die Tiefen der Seele letztlich nicht so viel Gespür aufbringen wie eben Laien. Freud wehrte sich vor allem gegen die Ärzteorganisationen in Amerika, die strikt für die Beibehaltung des medizinisch-akademischen Berufs hinsichtlich der Ausübung der Psychoanalyse votierten. Grund dafür bestand in der dort sehr raschen Ausbreitung der Psychoanalyse auf oft sehr oberflächlichem Niveau, was Freud auch anmerkte. Doch sein Plädoyer für die Laienanalyse rechtfertigte er weiterhin.

Nun ist es nicht das alleinige Problem, vom wem die psychoanalytische Therapie durchgeführt werden sollte. Das gleiche bestand auch darin, dass die Psychoanalyse sehr bald – wie es oft hieß – vorwiegend von jungen, reichen und intellektuellen Personen genutzt wurde. Es waren die Menschen aus den großen Städten, die liberal und eher linksorientiert waren, während die mehr konservativen Leute vom Land, die starr in ihren Religionspraktiken verwurzelt und in harte landwirtschaftliche Arbeit eingespannt waren, von der Psychoanalyse nicht viel hielten, ja sie meistens gar nicht kannten. Das ist auch heute noch so, und so stellt sich berechtigt die Frage, was man tun muss, um der allgemeinen Bevölkerung dieses Therapieverfahren zur Verfügung zu stellen.

Doch es kommt noch ein drittes Problem dazu. Die Psychoanalyse hat sich nach hundert Jahren immer mehr in schulmeisterliche Akademisierung und scholastische Diskurse verwandelt, die von großen aufwendigen Organisationen mehr verwaltet wird, als sie für wissenschaftlich freie Arbeit zugänglich zu machen. Die Ausbildung ist strikter, die Unkosten dafür um etliches höher, und auch in der Ausübung für Krankenkassen und private Bezahler sehr teuer geworden. Zudem dauert die Behandlung oft enorm lange, bis zu dreihundert oder auch sechshundert Stunden (im Extremfall auch weit über tausend) mit einem Zeitraum von drei bis acht Jahren sind notwendig. Und weiter: von Heilung zu sprechen ist in der Psychoanalyse schwierig, weil sie – wie Freud selbst sagte – mehr der „Wahrheitsfindung dient" als der Therapie. Neurotisches Elend, so seine Aussage dazu, wird nur in normales Unglück verwandelt, resümierte er, viel mehr ist da nicht drin.

Dagegen stellt das von mir entwickelte Verfahren des direkten und enthüllenden Sprechens, das ich *Analytische Psychokatharsis* genannt habe, einen ausgesprochen therapeutischen Vorgang dar, bei dem neben Theorie hauptsächlich die Praxis eine entscheidende Rolle spielt. Für die Transmutation war in dem oben zitierten Beispiel vom Versprecher des Professors ja nicht nur das klangbild-wirkende e und das o zuständig, sondern vor allem der wort-wirkende Wahrheitssinn, beides musste sich verbinden, um die enthüllende Aussage zustande zu bringen. Die nächste Abbildung auf der folgenden Seite veranschaulicht diesen Vorgang. Die Buchstaben K o m p t e n z sind in beiden Worten (Kompetenz und Kompotenz) lautbildlich gleich, während der Wahrheitssinn das ‚-petenz' nutzt, um die ‚-potenz'-Problematik ins Spiel zu bringen. Bild- und

Wortwirkendes greifen also deutlich ineinander geschachtelt ins Spiel des Ausdrucksvorgangs ein, und nur weil der Professor im Schwung seines Vortrags die Kontrolle über eine kleine Artikulationsstelle bei sich verloren hatte, kam der zum Lachen anregende Witz zustande.

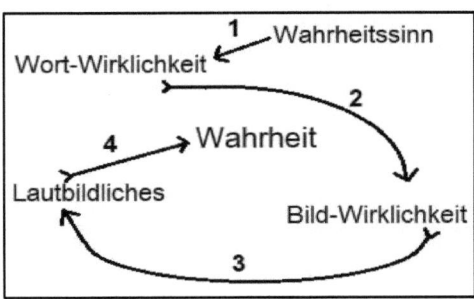

Abb. 3 Schema der unbewussten Entstellung

Der ganze Vorgang ist also in der oben stehenden Abbildung vergegenwärtigt. Die Angelegenheit beginnt im Unbewussten, wo der Wahrheitssinn (Potenzproblematik) sich mit der Wort-Wirklichkeit, dem – wie Lacan auch sagt – ‚verbalen Signifikanten', den Phonemen – verbindet (1) und im gleichen Schritt (2) die Kombination zum Bild-Wirkenden, zum ‚imaginären Signifikanten', zum Pixelsystem, findet. Die beiden sind ja wie die Triebkräfte Freuds immer legiert.[37] Über das gleiche Lautbildliche (3) des Vortrags von der Kompetenz kommt nun eben mit leichter Entstellung, aber voll im

---

[37] Bei Freud hießen die Grundtriebe noch Eros-Lebens- und Todestrieb, die im Unbewussten, wie er sagt, stets legiert sind. Lacan hat die beiden zum Sprech- und Schau-Trieb umformuliert, also zum verbalen und imaginären Signifikanten.

Sinne des durch die Triebkräfte drängenden Wahrheits-
sinns, nun im Ausdruck die endgültige Wahrheit zustande, egal, ob sie verstanden wird oder nicht (4). Nun
kann man das ganze Schema umgekehrt dazu benutzen,
diese Enthüllung nur für sich selbst, also zur Selbstanalyse, Selbsttherapie, Selbstpraxis wie es der Philosoph
M. Foucault nennt, zu verwenden.

Abb. 4
Schema der
Analytichen
Psycho-
Katharsis

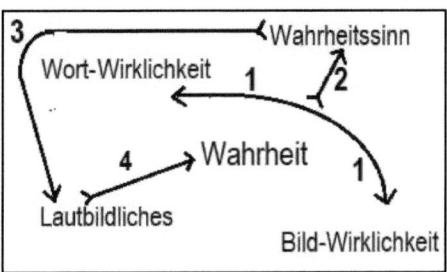

Dazu wird der Verlauf der Pfeile etwas anders sein. Bild-
und Wort-Wirklichkeit, also die Kombination aus verbalem
und imaginären Signifikanten ist nun der Ausgangspunkt
(1-1). Diese Kombination ist in der formelhaften Formulierung durch die Überlagerung, Verschachtelung der vielen
Bedeutungen gegeben, die in den *Formel-Worten* stecken,
das ich in Kapitel 5 ausführlich erklären werde. Freud
sprach diesbezüglich von Überdeterminierung wie sie auch
im Traum vorkommt. Im Traum verdichten sich ebenfalls
viele Bedeutungen zu einem wort-bild-haften Traumgeschehen, aus dem der Psychoanalytiker ja mit Hilfe der Assoziationen des Patienten in einer Deutung die Wahrheit
finden und ausdrücken muss.

In der *Analytischen Psychokatharsis* ist diese Kombination verbaler und imaginärer Art also schon rein f o r m

a 1 vorgegeben. Das heißt, die Formulierung ist so gestaltet, dass nur die Buchstabenkombinationen in völlig freier Form gegeben sind, so dass die Möglichkeit zahlreicher Transmutationen vorliegt. Umso eher und umso besser kann dadurch ein Wahrheitssinn aufgerufen werden (2), der sich dann lautbildlich (3) selbst zum wahrheitsgemäßen Ausdruck bringt (4). Es wird auch klar, warum es hier um das *Strahlt* und *Spricht* geht, weil es von beiden Seiten, der wortwirklichen verbalen und der bildwirklichen imaginären, Kombinationen (Legierungen) gibt, die die Haupt-Transformationselemente darstellen.

Nun könnte man sagen, auch ein Zufallsgenerator kann eine Buchstabenfolge erzeugen, die die gleiche Wirkung hat wie die in den Formel-Worten gegebene. Aber will man sich beim Meditieren einem Zufallsgenerator ausliefern? Und wer hat diesen Zufallsgenerator erstellt, vielleicht funktioniert er gar nicht wirklich total zufällig. Irgendjemand hat ihn ja – wie auch mit dem Hinweis auf die KI angedeutet – fabriziert, und so fragt es sich, welche lauteren und wissenschaftlich begründeten, logischen Ausdrücke er dafür verwendet hat.

Dagegen sind die nach dem Prinzip der psychoanalytischen Transformation erstellten *Formel-Worte* verstandesmäßig nachvollziehbar angeordnet. Ja, jede zumindest als Phrase, als Kurzsatz, als Spruch grammatikalisch und syntaktisch ordnungsgemäß erstellte Formulierung überlappt sich mit einer anderen exakt so wie es auch im Unbewussten der Fall ist, das den Traum oder den Versprecher in solch einer Überlappungs- oder Verschachtelungs-Methodik ausgibt. Man hat aus diesem Grund auch schon von den B(r)uchstaben geschrieben,[38] also diesen – wie Lacan sagt – „ultrareduzierten Phrasen", die für das Unbewusste typisch gebrochen, gestückelt sind, und zwar quer durch alle B(r)uchstaben hindurch.

Zudem muss man ja bedenken, dass es nicht nur die Buchstaben alleine sind, der Bruch, die Stückelung geht auch durch die Lautbildlichkeit von Phonemen und Pixeln hindurch. Denn wie in der Abbildung 4 gezeigt, provozieren die aus Wort- und Bild-Wirkendem rein f o r m a l zusammengesetzten *Formel-Worte* in idealer Weise den im Unbewussten schlummernden Wahrheitssinn dazu, die vielseitige Lautbildlichkeit zu nutzen, um sich, also der Wahrheit, Gehör zu verschaffen. Der psychische Komplex meines Professors hat, insbesondere weil er in einem affektiv aufgeladenen, schwungvollen Vortag ebenso das Unbewusste provoziert hat, an der Bruchstelle des e und des o eine Lautbildlichkeit herausgeschlagen, deren dahinterstehende Wahrheit sofort von den meisten Zuhörern verstanden wurde. Und so wird auch die von den *Formel-Worten* herausgeschlagene Lautbildlichkeit meist sofort in ihrem Wahrheitsgehalt verstanden.

---

[38] Oudee Dünkelsbühler, U., Zeugnis und Schrift: B(r)uchstaben an der Couch, Les Etats Généraux de la Psychanalyse (2001).

Schließlich handelt es sich ja hier um die kompakteste, konzentrierteste Kombination von Phonemen und Pixeln, die in dieser Weise möglich ist. In dieser Weise heißt: für eine Evokation, Provokation des Unbewussten. Der Psychoanalytiker wird, selbst – und vielleicht sogar gerade deswegen – wenn er immer wieder seinen Patienten auffordert, alles zu sagen, was ihm in den Sinn kommt, ewig lange darauf warten müssen, bis er eine passende, oder wie man auch fachlich sagt: ‚gesättigte', Deutung zustande bringt. Der buddhistisch, yogisch oder anderweitig Meditierende wird nie ganz sagen können, was er – im Sinne unserer heutigen, modern westlichen Wissenschaftskultur – eigentlich macht, und wie seine Ergebnisse sich in diese hiesige Gesellschaft einschreiben lassen.

4. Die (Un) Ordnung der Blicke.

In dem Dreieck der letzten Abbildung ging es ums Wort-Wirkende, jetzt soll es ums Bild-(Blick)-Wirkende gehen. Lacan geht zuerst davon aus, dass das Subjekt, der auf sein Subjektsein bezogene Mensch, in sich gespalten ist. Auch das trifft auf Film und Theater zu, denn beides irrealisiert uns. Wir sitzen eingeklemmt im Zuschauerraum, sozusagen abgespalten von unserer Realität. Wenn der Film uns zu sehr mitnimmt, taumeln wir aus dem Kino hinaus und wissen einen Moment lang nicht mehr, wer wir sind. Nimmt er uns nicht mit, haben wir uns, wenigstens ein bisschen, sinnlos irrealisieren lassen. Nimmt er uns ein, gewinnen wir wohl nur sehr selten, dass wir dadurch ein wenig von uns selbst lernen oder gar total verinnerlichen können, was es wirklich heißt, Mensch zu sein. Kein Hollywood-Schinken hat dies nur ansatzweise erreicht.

Diese Spaltung in Reales und Irreales ist eine psychoanalytische Grundannahme. Meist steht im therapeutischen Behandlungszimmer zwar mehr die Spaltung in Rationales und Irrationales im Vordergrund. Aber im Traum beispielsweise findet neben dem letzteren auch eine gewisse Irrealität ihren Platz, die der ‚Tannhäuser' von 2019 nur einfach schrill-modern und pathetisch klangvoll inszenieren konnte. Die Leute gingen nicht mehr wie früher nach einer Wagner Oper salbungsvoll geschwollen nach Hause, was auch nicht so toll war, sie blieben jetzt ahnungslos, gut unterhalten und ein bisschen belustigt, kurz: gespalten wie immer.

Der amerikanische Psychologe J. Jaynes behauptete nach jahrzehntelanger Forschung festgestellt zu haben, dass die alten Griechen und sogar noch mehr die Menschen zu Beginn der Hochkulturen, ständig eine ausgeprägt gespaltene Psyche hatten. Sie waren sozusagen permanent in der Oper. Mal nahmen sie sich als einfache Kreatur wahr, dann wieder als Wesen, die Götterstimmen folgten bzw. sogar folgen mussten. Schließlich kommt man einem Gott nicht mehr so leicht aus. Die moderne Gespaltenheit, von der Lacan ausgeht, ist aber kaum noch so intensiv wahrnehmbar, trotzdem ist sie grundlegend vorhanden, was nicht nur bei Lacan so formuliert ist, sondern in der Psychoanalyse generell so verstanden wird. Lacan hat diesem Phänomen jedoch in dem gerade erwähnten 11. Seminar auf dem Feld des Sehens eine anschauliche Erklärung gegeben.

„Das Subjekt ist gespalten in zwei Formen des Sehens, in das Sehen, das auf dem Auge, dem Sehsystem, beruht (oberes Dreieck in der Abb. a), und das Sehen, das sich auf den Blick gründet (unteres Dreieck Abb. a)".[39]Beginnt man beim oberen Dreieck der Abb. a, die also das Auge am Geometralpunkt betrifft, so kann oben links ein Objekt, z. B. ein Würfel erblickt werden. Der Würfel wird aber bekanntlich nicht so dreidimensional wie er wirklich ist, auf der Netzhaut abgebildet. Er kommt

---

[39] Nemitz, R., In Lacan-entziffern.de

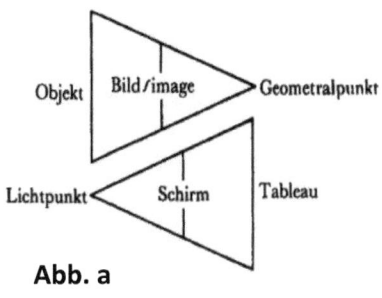

Abb. a

dort – wenn auch unter dem Eindruck einer gewissen Dreidimensionalität – vorwiegend zweidimensional im Sehsystem an und wird so weiter verarbeitet. Dort entsteht das eigentliche Bild, das wir uns somit zentralperspektivisch von der Realität machen.

Um ganz andere Verhältnisse geht es jedoch nunmehr bei der Betrachtung und Erörterung des Blicks, also des Dreiecks in Abbildung 1 unten. Es ist geradezu verkehrt herum aufgebaut. Was vorher Geometral- oder Augenbrennpunkt war, ist jetzt Licht-, Glanz- oder Blickpunkt, von dem aus man nicht nur subjektbezogen blickt, sondern sich auch als erblickt wahrnimmt, indem es beim menschlichen Subjekt ein Sehen gibt, dem es in seiner Luzidität blickbegehrend unterworfen ist. Dies hat etwas mit der psychoanalytischen Konzeption nach Lacan zu tun, in der dem Wahrnehmungs- oder Schautrieb eine grundlegende Autonomie zugesprochen wird (eine ebensolche jedoch auch dem Verlautungs- oder Sprechtrieb).[40]

---

[40] Freud hatte bezüglich dieser zwei Grundtriebe noch vom Eros-Lebens-Trieb und vom Todestrieb gesprochen, letzterer konnte jedoch nicht bestätigt werden.

Beim Menschen ist das Sehen also nicht allein durch den Augen-Seh-Apparat geregelt. Es wird auch noch durch einen ganz eigenen Punkt gesteuert, dem Licht-*Strahlt*-Punkt (der im Zentrum des durch den Konkavspiegel des Gehirns gebildeten Ort liegt, wie in der unten unten nebenstehenden Abbildung gezeigt), und der genau entsprechend der Rolle des Objekts beim geometralen Sehen dem nicht zu fassenden, verdrängten, weggespalteten Bild (Tableau) des ursprünglichen Traumas, einer bildhaften Leerstelle korreliert.[41] Dieses Antibild, bei dem Freud auch von der ‚Urszene' sprach (die erschreckende Szene beim Blick ins elterliche Schlafzimmer), dieser erregende Schatten, kann nur durch Abmilderung, Abschirmung (in der Mitte der Abb. a unten als Schirm bezeichnet) wahrgenommen werden, so dass die grellen Strahlen aus dem Lichtpunkt nicht alles direkt beleuchten.

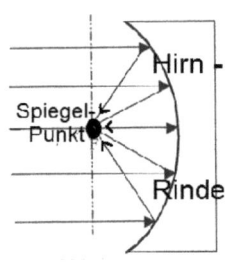

In der Mystik, Esoterik und im Yoga wurde dieser Schirm als ‚Astralebene' bezeichnet, da der wahre Blick ins Tableau damit in eine Art von Sternen-Pixel-Welt verschoben wird. Ich werde im Kapitel über den Klartraum darauf eingehen, dass es exakt dieser Pixel-

---

[41] Die Abbildung demonstriert die energetischen (libidinösen) Strebungen, Intentionen, die aus dem Körper kommen und sich im Brennpunkt des Konkavspiegels des Gehirns zusammenfinden.

Schirm, Glanz-Schirm, *Strahlt*-Schirm ist, der dort eine große Faszination auslöst, indem er eine scheinbare Klarsichtigkeit vermittelt, die zwar etwas Bild-Wirkendes auszudrücken vermag, aber keine wirkliche Selbstsichtung verschafft. Für sich allein betrachtet ist die Pixel-, die *Strahlt*-Welt eine Scheinwelt. Der Mond z. B. ist in dieser Welt nur ein Scheineffekt unten anderen Scheineffekten, zum effektiven Mond wird er erst durch seinen Namen. Doch auch als Schein hat er Wirkung.

Nochmals Lacan: „Das geometrale Sehen beruht auf einer Optik der Raumabstände. Diese Optik steht auch einem Blinden zur Verfügung. Man könnte die Lichtstrahlen durch Fäden ersetzen und ein Blinder könnte die Punkt-für-Punkt-Entsprechungen abtasten. Damit entgeht dieser Optik das Eigentliche des Sehens, nämlich das Licht in seiner luziden Form, das sich keineswegs darauf reduziert, dass es sich in Form von gradlinigen Strahlen ausbreitet. . . Das Objekt kann nicht in einem Raum erfasst werden, der ein Raum aus (festen) Abständen ist". Mit diesem Einwand spielt Lacan auf die mathematische Topologie an, die keine festen Abstände kennt.[4]

Vom Licht-, *Strahl*t-, Blickpunkt aus nimmt sich nämlich das menschliche Subjekt selbst ‚narzisstisch' wahr, es spiegelt sich im Glanz eines ‚Lichtes', das nichts mit dem physikalischen Licht zu tun hat. Aber es bringt eine gewisse, anfängliche Ordnung in die Blicke, die uferlos sind, weil sie einen auch von überall her anschauen können, vor allem in der Situation der Scham. Ein Beispiel von J. P. Sartre : Jemand späht durch ein Schlüsselloch und hört Schritte im Flur; vor Scham möchte er im Boden versinken, weil er das Gefühl hat, von einem Blick überrascht zu werden. Der Eindruck des Erblicktwerdens wird in diesem Fall nicht nur optisch erzeugt, nicht nur durch einen Lichtpunkt, sondern auch akustisch, durch einen Laut. Das Geräusch provoziert die Vorstellung eines Blicks, der einen anschaut; der Blick ist hier nicht ein gesehener, sondern ein vorgestellter, bedeutungsgeladener Blick, ein im Unbewussten wegen möglicher Scham-Schuldproblematik erzeugter panischer Blick. So sagt auch Lacan: Das Licht als ein Flimmern, Glänzen, Rieseln ist das, was mich angeht, das aber auch plötzlich ins Gegenteil, in den panischen oder gar „bösen" Blick umschlagen kann, gerade eben auch, weil es mich angeht, weil es darin um eine Identität von mir selbst geht, die mir aberkannt werden kann.

Vereinfacht gesagt: der Blick hat etwas mehr mit dem unbewussten Schamkomplex zu tun, die Verlautung, das Wort, etwas mehr mit den unbewussten Schuldkomplexen. Der Schautrieb hat nur in seiner Primärform diesen Strahltpunkt-, Luziditätspunkt-Charakter, schon im nächsten Moment seines Wirkens heftet er sich an die verschiedenen Blicke als die ihm zugehörigen ‚Objekte', die sich noch unreif in der (Un) Ordnung befinden. Das im unteren Schema der Abb. a gezeigte Tableau zeigt somit auch das durch die Scham und Bloßstellung in seinem Wesen erschütterte Subjekt. Insofern wir alle gespalten sind, wenn auch kaum mehr wahrnehmbar, wollen wir doch nicht, dass der *Andere* unsere intimsten, unbewussten Strebungen, Triebe, unser vor uns selbst bestens verhülltes Begehren erkennt. [42] Die Verhüllung, aber auch das Bedeutungsgebende, stellt der Schirm dar, unter den man sich ständig flüchtet, weil man sich hier sicher glaubt oder Ausreden produzieren kann.

Der Schirm wirkt wie ein leichter Schleier oder eine Folie. Und so betrachten wir das Bild eines Malers nur unter dem Aspekt der beiden übereinander gelegten Dreiecke (Abb. b). Der Maler versteht es, uns etwas unter dem Schirm hervorzulocken und unserem Auge etwas zu sehen zu geben, das Objekt auf der Leinwand, auf dem etwas unserem im Licht-, *Strahlt*-Punkt funkelnden Begehren, der Blicklust, entspricht und doch unseren Blick gleichzeitig zähmt, so dass er sich nicht völlig im Tableau verströmt. Er nutzt dazu das Auge und – nur in unterschiedlichem oder ganz geringem Maße – sein zentralperspektivisches Sehen. In der expressionistischen und weiter moderneren Malerei provoziert er uns. Er verlässt zu-

Abb. b

---

[42] Ich schreibe den *Anderen* hier groß, weil es im weiteren Verlauf genau um diesen/dieses von Lacan favorisierten *Anderen* geht. L'Autre, der/das total *Andere*, Fremde, Große, signikative und Signifikanten bezogene *Andere*, nunmehr jedoch im Unbewussten eines jeden lokalisiert.

nehmend die Perspektive und setzt uns dem nackten, krassen Tableau aus. Im Extremfall nähert er sich der Horrorvision oder dem pornographischen Bild. Im gleichen Sinne haben Esoteriker wie etwa die Anthroposophen vom Blick- bzw. *Strahlt*-Punkt als einem „Lichtkörper" gesprochen. So wird noch deutlicher, dass hier – wie auch im Traum – das Psychotische hereinspielt, also nicht nur das Irrationale, sondern auch das Irreale.

Ähnlich im Alltagsleben. In einer Landschaft vermittelt uns nicht nur die Zentralperspektive, wie und was wir sehen. Auch hier mischt wieder das Tableau mit, das uns heimische Areale mit Lustgewinn verkauft, andere wiederum uns mit Abwehr abwenden und verdrängen lässt. Noch viel stärker wirkt sich dies alles beim Sehen von Mensch zu Mensch aus. Hier werden Sympathie und Antipathie je nach dem Schirm, den wir uns erworben haben, verteilt und bewirken wiederum verschiedenste emotionale und identifikatorische Reaktionen. Doch letztlich kann man das ganze Wesen des Films und des Theaters, das wir sind, nicht allein aus dem engen Zusammenhang mit dem Feld des Sehens, der Schau, Sichtung und Wahrnehmung her erfassen und begreifen. Man muss auch das Feld der symbolischen Ordnung, der Sprache, der Mathematik, und der in der Psychoanalyse so wichtigen sprachorientierten *Signifikanten* (das Wort-Wirkliche) mit heranziehen, von denen das menschliche Subjekt genauso stark bestimmt ist.

Schließlich spreche ich schon die ganze Zeit und male nicht. Ich zeige nicht, sondern souffliere. Doch die Sprache allein wiederum, wie sie z. B. die Psychoanalyse dominiert, verursacht genauso einen Mangel, eine Ungenauigkeit, eine Kluft, eine Verwirrung wie die sich kreuzenden Linien beim Sehen. Man ‚sieht' mit dem Sprechen nicht so scharf und präzise, während gerade zu hören war, wie sehr das Bild, der Blick, das Tableau zwar scharfe Eindrücke vermittelt, aber nicht die Wahrheit sagen kann, die es im Schirm/Image ein bisschen verstecken muss. Das schließlich in der Mitte der Abbildung b stehende Gebilde aus Schirm/Image vermittelt einen Kompromiss, das Sehen durch einen leichten Schleier, durch eine kaum wahrnehmbare Maske, aber es tönt aus seiner Mitte genauso wenig definitiv heraus: „Ich bin das oder das!" Es ist die Freud'sche „Vorstellungsrepräsentanz".

Mit tausenden von Bildern könnten wir unsere Identität nicht festigen, nicht endgültig präzisieren, wir brauchen ein klein wenig vom Symbolischen, vom Wort-Wirklichen dazu. In der Malerei z. B. einen Titel, der wieder alles ein bisschen zurecht rückt. Selbst ein pornographisches Bild könnte mit dem Titel „Die Idiotie der Hölle" vor der gesellschaftlichen Moral gut durchgehen. Man wäre erregt und geschockt zugleich, kurz: äquilibriert. Allerdings gelänge es mit dem Sprechen alleine auch nicht, dass wir uns genauestens im allgemeinen Äquilibrium hinsichtlich unserer Identität finden könnten. Wir können uns um Kopf und Kragen reden, dem Sprechen wohnt eine grundsätzliche Tendenz zum Übertreiben und Lügen inne. Ich hätte also auch sagen können, wir sind nicht nur Film, wir sind auch Roman, Tratsch und Kauderwelsch.

Im Unbewussten sind die Triebkräfte nicht mehr total autonom und getrennt, sie haben sich vom ersten Moment des Menschseins an „legiert", vermischt, wie Freud sagte. Und so hat der Schautrieb bereits eine kleine Nuance des Sprechtriebs mit integriert. Ähnlich beim Philosophen M. Heidegger, wo zuerst im rein Bild-Wirkenden, in der reinen Bilderschau gezeigt wird: „Ausgießen aus dem Krug ist schenken . . Trunk . . Guss zur Weihe . . der Krug als Ding west", weil nach Quelle und Wasser das Geschenk des Gusses das Krughafte des Kruges vermittelt, der Guss also das eigentlich ‚Krug-Ding' ist. Erst langsam kommt in die Bilderschau die Sprache herein, die Einheit des Bild-Wort-Wirkenden.

Deswegen ist das ‚Ding' das Bewusstwerden der Kluft, des grundsätzlichen Fehlens, das für den Menschen so bestimmend ist. Der Philosoph versucht, diesem Bestimmenden durch philosophisch poetische Sublimierung auszukommen. Doch weit gelangt er mit diesem Diskurs nicht. Schon Freud konstatierte, dass es drei Diskurstypen gibt, denen eine Beziehung zu dem Lacanschen ‚Ding' genau korreliert. So existiert in der Kunst eine Verdrängung des ‚Dings', in der Religion gibt es eine Verschiebung und im Diskurs der Wissenschaft geht es um die Verwerfung des ‚Dings'. „Der

Diskurs der Wissenschaft verwirft die Präsenz des ‚Dings', insofern aus seiner Sicht, sich das Ideal des absoluten Wissens abzeichnet, das heißt das Ideal von etwas, das zwar das ‚Ding' setzt, doch mit ihm nicht rechnet. Jedermann weiß, dass diese Sicht sich in der Geschichte letztlich als ein Scheitern herausstellt. Der Diskurs der Wissenschaft ist von dieser Verwerfung bestimmt, deshalb wahrscheinlich – was vom Symbolischen verworfen wird, erscheint nach meiner Formel im Realen – läuft er auf eine Sicht hinaus, in der, am Ende der Physik, ein so Rätselhaftes wie das Ding' sich abzeichnet."[43]

Nichts kann deutlicher machen, dass das ‚Ding' nur durch eine derartige Praxis vermittelt werden kann, wie sie in der *Analytischen Psychokatharsis* geboten wird. In der üblichen psychotherapeutischen (psychoanalytischen) Sprechstunde, in Religion und Philosophie kann dieses Reale nicht erreicht werden, weil man nicht einmal die Scheinwelten des ‚Dings' wie mein ‚Baum'' oder andere ‚Visionen', die ich noch schildern werde, zu sehen bekommt, sondern nur über sein Geheimnis hinter vorgehaltener Hand tuscheln darf. Man muss die Katharsis des Bild-Wirkenden, des *Strahlt*, des ‚Dings' erfahren dürfen, denn als Katharsis ist das ‚Ding' Praxis geworden, hochtreibende, befreiende, Praxis,

Diese Dopplung, Gespaltenheit von *Strahlt* und *Spricht* hat eine tiefe Grundposition in der Psychoanalyse. Sie

---

[43] Lacan, J., Seminar VII, Quadriga (1996) S. 162

geht, wie schon erwähnt, von zwei Grundtrieben aus, von Grundsignifikanten, Wahrnehmungs-(Schau-) und Entäußerungs-(Sprech-) Trieben. Für den Psychoanalytiker steht mehr der Mangel, das Fehlen, das die Sprache erzeugt, im Vordergrund. Dieser Mangel hat für ihn ein Symbol, einen spezifischen *Signifikanten*: nämlich das unbewusst Sexuelle, das nichts mit der üblicherweise verstandenen Sexualität zu tun hat, sondern eher ein evokatives, fast provozierendes Symbol ist, eben etwas infantil Sexuelles. Damit der Therapeut den Patienten in dessen Wut und Scham nicht alleine lassen muss, sondern ihm zeigen kann, dass es einen libidinösen, erotischen Ausweg gibt, nutzt er dieses evozierende Symbol.

Lacan spricht in diesem Sinne vom ‚phallus symbolique', vom unbewussten ‚symbolischen Phallus', doch während man sich einen imaginären oder realen noch vorstellen kann, ist es für die Allgemeinheit schwer zu verstehen, was ein ‚symbolischer Phallus' sein soll, vor allem, weil er versteckt, verdrängt und wie ein Kobold aus dem Dunklen heraus wirkt. So wie mein Professor sich mit dem Wort ‚Kompotenz' versprach. Die Potenz ist nicht die der üblichen Geschlechtlichkeit, sondern die einer infantilen, devianten oder sonstigen Unbewusstheit, die aber den gleichen Begehrens-Befriedigungs-Charakter symbolisiert.

Lacan macht hier genau das Umgekehrte von dem, was die Engländer taten, als sie erstmals nach Indien kamen und dort den Lingam sahen, einen phallischen Stab. Sie hielten ihn für ein generelles Sexualsymbol, während er in Wirklichkeit das Zeichen eines Gottes ist, ein göttlich-phallisches Zepter, keine Macht, aber eine Mächtigkeit, die auf der Ebene von Fruchtbarkeit und Erotik kein Sterblicher erreicht. Die Inder kamen vom Bild-Wirkenden her, in dem genauso Unbewusstes steckt wie im Wort-Wirklichen des ‚phallus symbolique', während die für die indische Kultur blinden Engländer glaubten, im Lingam ein Symbol der allgemeinen Promiskuität zu sehen, den Phallus von jedermann.

Der ‚symbolische Phallus' ist *Signifikant* des gerade besprochenen Mangels. Er ist sozusagen immer im Kontext, wird aber nie wirklich definitiv bezeichnet. Wenn die Illustrierten dauernd Schlagzeilen mit dem Wort Sex produzieren, zeigen sie damit, dass eigentlich nichts dahinter ist. Je lauter man schreit, desto weniger wird etwas vermittelt. Freud versuchte diesen Sachverhalt dadurch zu beweisen, dass er sagte, die Kinder glauben, dass die Mutter kastriert ist, wollen dies aber gleichzeitig nicht wahr haben. Aber selbst wenn sie wissen, dass dies absolut nicht der Fall ist, gehen sie noch lange – und im Fall der Neurose auch im Erwachsenenalter – so damit um, als sei es nicht wahr, am besten zu sehen in den verschiedenen Formen des Fetischismus. Der Fetisch, ein Schuh, ein Strumpfband ersetzt die Kastration, sie ist also doch nicht ganz passiert, sie ist ein sexuelles Zepter geblieben, etwas Bild-Wort-Wirkliches, in dem sich das Es *Strahlt / Spricht* – wenn auch unglücklich – kombinieren.

Und nur darauf richtet sich mein Anliegen, es nämlich in eine bessere, reife, gelungene, Kombination zu bringen. Ich betone nochmals, das Wesentliche und bisher nirgendwo in dieser wissenschaftlichen Form Erreichte betrifft die enge, konkretistische, unmittelbare Kombination des *Strahlt/Spricht.*[44] Es ist das Entscheidende, das auch Richard Wagner im Tannhäuser nicht zu lösen vermocht hat. Der Venusberg war nämlich nichts anderes als dieser ,phallus symbolique', der zu keiner Sünde und zu keinem Verbrechen fähig ist, wohl aber zu dem genannten unbewussten Geschlechtsstolz und infantiler Mächtigkeit. Genau dies versuchten ja die Queer-Personen zu zeigen. Sie verbildlichten es, sie vermittelten rein bild-wirkend den imaginären Phallus, sie konnten nichts Erhellendes dazu sagen.

Immerhin war ja der Pilgerstab Tannhäusers, den er aus Rom mit zurück gebracht hatte, trotz der Verteufelung des Sängers durch den Papst grün erblüht, was wohl heißen sollte: zeig nicht nur ein Bild, sondern sprich auch von ihm. Sag zu Elisabeth, dass schon die Heilige Hildegard von Bingen die ,Viriditas' die Grünheit, und die Inder den ,Lingam' als Symbole der erotischen Besonderheit bezeichnet haben, und dass der Papst ein Idiot ist, wenn er von der Höllenlust gesprochen hat, die es gar nicht gibt. Sie reden alle aneinander vorbei, um ihre

---

[44] In der Analytischen Psychokatharsis wird diese Kombination dadurch erreicht, dass von der ersten Übung mittels deren Katharsis in einem transformativen Zug zur zweiten Übung diese Einung vorwiegend praxisbezogen gelingt.

eigenen Lüste damit verbergen zu können. Die übergroßen Ideale, die Ideologien, die plakativen Schlagzeilen verdecken nur das infantile Begehren.

Wie die Scham beim Blick, wirken die Lüge, der Versprecher, das unbewusste Zerreden oder die hintergründigen Anspielungen beim Sprechen mit in den Ausdruck herein. Im Unbewussten, so Lacan, spricht Es selbst (Ça parle dans l'inconscient), jedoch nicht in normalen Alltagsverben. Vielmehr wird dort wie schon betont in „ultrareduzierten Phrasen", mit einer Art von „universalem Gemurmel" und in Chiffrierungen gesprochen wie beim Witz oder der Allusion. Dies ist am besten am Traum zu sehen, wo skurrile Ausrücke und Neologismen vorkommen, auf die man im bewussten Zustand nie gekommen wäre.

Wir erzeugen also, was das Sehen angeht, nicht nur eine überrationale Ästhetik, sondern auch, was das Sprechen angeht, eine derartige neue Psycho-Linguistik. Nicht nur ein Bild-Wirkendes, das verführen kann, sondern auch ein Wort-Wirkliches, das hörig machen kann und Identität beweist. Doch selbst dann hätten wir immer noch nicht das Problem der Spaltung und der besseren Kombination der beiden gelöst. Wir wären dann in einem gehobenen Film oder lesen in einem ausgeklügelten, großartigen Buch, in dem tiefgründige Bild- und Wort-Metaphern ausgetauscht würden, dramatische Sprachszenen stattfänden, so wie es heutzutage in der Performativität versucht wird. Aber wo ist der Mensch in seiner ultimativen Form, der in sich wahre Mensch, der in der Kombinatorik von *Strahlt* und *Spricht* perfekt ist?

In ihrem Buch „Sprechende Körper" schreibt E. Strowick ungefähr Folgendes, was meinen bisherigen Ausführungen sehr ähnelt:[45] Es gibt da einerseits die Evidenz (vom lateinischen evidentia), die „Selbstsichtung". Man könnte fast sagen: das ist in Abb. b diese Mischung aus Imago und Schirm, wie sie wohl jedem Kind anfänglich zukommt, indem sie mehr im Scheinen, Strahlen, Leuchten besteht, das die Augen einfach als wahr und wirklich nehmen. Diesem ursprünglichen Sehen des Kleinkindes, das also tatsächlich den übereinandergelegten Dreiecken des Sehfeldes entspricht, wohnt – wie die Autorin meint – eine extreme Sichtbarkeit inne, fast eine Art von Gewalt oder Berauschtheit der Wahrnehmung. Der Naturwissenschaftler und Philosoph R. Carnap sprach davon, dass Kinder ein „nicht-euklidisches Sehen" haben, also ein Sehen ohne jede Zentralperspektive.[46] Doch die Verhältnisse, bleiben ohnehin nicht so. Mehr und mehr dringt Rhetorisches, das sprachlich Performative, in das performative Seh-

---

[45] Strowick, E., Sprechende Körper, Fink (2009)
[46] Carnap, R., Einführung in die Philosophie der Naturwissenschaft (1969), worin der Autor feststellt, dass Kleinkinder über eine „nicht-euklidische Wahrnehmung" verfügen. D. h. sie sehen – aus unserer Erwachsenenperspektive betrachtet – die Dinge etwas subjektiv verformt, je nach dem für das Kind bedeutungstragenden Element gebogen.

feld ein und erzeugt so eine optische Rhetorik, einen „rhetorischen Blick", der – wie Lacan vergleichbar an anderer Stelle sagt – über das Auge triumphiert und so die Berauschtheit und die „Nicht-Euklidik" mitsteuert und wohl eher minimiert.

Aus dieser Diskrepanz zwischen der pur evidenten „Selbstsichtung", in der einerseits die Augen, der Körper, einfach das Ihre registrieren, und dem Sprechen, der Rhetorik, der symbolischen Ordnung andererseits, breitet sich eine „Substanz aus, die jenseits ontologischer Substanzialität ist".[9] Damit will die Autorin klarstellen, dass es bei dem Performativen nicht ums Sein, nicht ums Ontische einer Seinslehre, sondern dass es um eine ganz andere Art von Substanzhaftem geht, also wohl um etwas, was der erwähnten „genießenden Substanz" korreliert, dem ‚autochthonen Genießen, das Lacan auch die ‚Jouissance' nennt.[47] Denn von der Psychoanalyse her gesehen, hat die ganze Performanzgeschichte mit den Schicksalen dieser Libido zu tun, die sich eher raffiniert als einfach und unmittelbar erfahrbar gestaltet. Die Autorin belegt dies z. B. mit den Freud´schen Fehlleistungen, den Versprechern oder dem „Sich Verlesen".

Man verliest und verspricht sich nämlich – so meint sie – nicht ganz ungern. Die Triebe, die Ur-Kräfte, die ein unbewusstes Bild-Wort-Wirkliches bilden (aus dem

---

[47] Von mir auch in dem Buch ‚Das autochthone Genießen', BoD ((2017) weitgehendst thematisiert.

Augenscheinlichen des *Strahlt* und dem Rhetorischen des *Spricht*) können von ihrem Genießen nicht lassen und bahnen sich so den Weg. So kann man das Lesen nicht selbst lesen, meint Strowick, sondern muss es sich selbst aufführen lassen. Der Begriff des Bild-Wort-Wirklichen wird also heute oft mit dem des Performativen, dem Wesen der Darstellung, des Sprechaktes und der Aufführung, verbunden. Die Performanztheoretiker wollen darin etwas herausstellen, das der nüchternen Texterstellung, aber auch dem ritualisierten Theater, Gesang, Oper etc. entgegensteht. Performanz soll kreative und lebendige Aufführung bedeuten, in der eben Sprache einen viel authentischeren Körper bekommt als in einem Buch oder einer abgelesenen Rede.[48] Und in der auch Szenisches, Bildhaftes bis zum geht-nicht-mehr fasziniert.

Doch das Performative kann leicht auch den Charakter des Unsinnigen und Abstrusen bekommen, gerade wenn er zudem durch Mitbeteiligung der Zuschauer mitreißender, effektvoller und evozierender werden soll. Wenn die Performanz-Künstlerin Abramovic sich z. B. Hakenkreuze in die Bauchhaut ritzt, Blut fließt und andere Maltraitierungen vorführt, ist eine Grenze hin zum provozierenden Sadomasochismus überschritten. Performativität kann nicht die Lösung des Seh-Sprach-

---

[48] Fischer - Lichte, E., Performativität: Eine Einführung, transcript (2012), worin der performative (aufgeführte) Sprachkörper als das Ereignis schlechthin bezeichnet wird.

Problems sein. Denn wo und wann wären wir dann wir selbst?

Der Künstler zeigt sich in einer Weise, die vor allem ihn selbst darstellt. Ich habe daher versucht das Problem einer Verbesserung der Kombination des Es *Strahlt* mit dem Es *Spricht* mit Hilfe eines möglichst einfachen, kompakten und konkreten Strukturellen, Strukturbildenden, zu lösen, mit dem jeder Einzelne selbsttherapeutisch arbeiten kann. Denn alles von außen Herangebrachte hilft nur, wenn es der Selbsthilfe dient, das ist eine alte Weisheit. Die besten von außen her vermittelten Kombinationen ersetzen nicht die eigene, gelungene Kombination im Inneren, das die Psychoanalytiker auch das gute, konstante psychische ‚Objekt‘ nennen.

5. *NOVI SUI DIVI*

Hier ein Beispiel für das *Formel-Wort* als etwas Strukturbildendes und die gute ‚Objektkonstanz‘ Förderndes: Etwas Wort- und Bildhaftes, wobei die Bildnatur durch eine ungewöhnliche Schrift und die Kreisschreibung

dargestellt ist, das Worthafte durch den Inhalt der mit dem Buchstaben, die hier nun wirklich B(r)uchstaben sind. Denn je nachdem von welchem Buchstaben die Kreisschreibung gelesen wird, kommt – verwendet ist die lateinische Sprache – eine andere Bedeutung heraus. Ich hoffe, dass die Ästhetik gut genug ist, dass es schöne Lettern-Zeichen sind, die das sprachliche Denken anregen, nämlich durch die Frage, was es hier zu lesen gibt und wie man es verinnerlichen kann.[49]

NOVI SUI DIVI, NOVI SUI DIVI in herkömmlichen Lettern verfasst, wird dem Lateiner schnell klarmachen, dass tatsächliche Bedeutungen hier herausklingen, aber er wird sich auf keine festlegen können, wenn man die Zeichen von jeweils einem anderen Buchstaben aus liest. Ich füge hier eine Liste der Bedeutungen an, bevor ich erkläre, wozu dies alles gut ist. Doch vorab schon so viel: das Unbewusste ist genauso aufgebaut, wie an den Überdeterminierungen (ein Begriff Freuds

---

[49] Diese Formulierung, die ich auch *Formel-Wort* nenne, wurde von einem meiner Mitarbeiter F. X. Gfirtner entdeckt.

für die Überlagerungen, Mehrfachüberlappungen) im Traum zu sehen ist. Zugegeben, das Ganze soll auch als Bild wirken. Aber lesen wir es, auch wenn es seltsam klingt, sind es doch normale Sätze:

NOVI SUI DIVI	ich habe die Erkenntnis seines Gottes
DIVINO VI SUI	ich prophezeie mit der Macht der Seinen
VINO VISU IDI	mit dem Wein, mit dem Anblick der Iden
IVI NOVI SU ID	ich bin gekommen, nähe es modern
SUI DIVINO VI	ich habe genäht mit göttlicher Kraft

Noch etliche andere Versionen dieser einheitlichen Formulierung, die – so unsinnig sie auch manchmal sein können – an vielen Schnittstellen immer wieder andere Bedeutungen hervorbringen, sind möglich. Doch sind die einzelnen Bedeutungen ganz unwichtig, wichtig ist der überdeterminierte Aufbau, der es möglich macht, bei der Meditation der Formulierung als solcher das genauso aufgebaute Unbewusste zu beeinflussen. Denn man kann und soll sich ja keine der einzelnen Bedeutungen merken, zum Meditieren dienen nur solche Wortlaute, der eben keinen geschlossenen Sinn haben. Darin liegt der ganze Wert des Verfahrens, das in wissenschaftlicher Weise ermöglicht, was man früher durch mythisch-mystische Methoden zu erlangen versuchte.

Nur darum geht es, denn nur so wird eine verbesserte und gelungene Kombination des *Strahlt / Spricht* beim Einzelnen selber erreicht. Nur der Einzelne kann die Tür des letzten Unbekannten, des Realen öffnen und sehen, dass das Genießen des Realen auch das Reale des Genießens ist, wie Lacan konstatiert.

Der Sinn des Ganzen kann nur darin bestehen, das unbewusste Bild-Wirkende wie auch das unbewusste Wort-Wirkende aufzuwecken, zu animieren, von sich selbst den Film, das Theater, das Buch, das performative Stück herauszugeben, das die wahre Identität des Betreffenden ist und nicht die ihm von der Gesellschaft vorgespielte. Die Gesellschaft, die deswegen eine Großgruppe, eine soziale Gemeinschaft ist, weil alle an sie angepasst sind, garantiert nicht die Normalität. Denn wenn der Film und das Theater uns irrealisieren, wenn die zwei übereinander liegenden Dreiecke des Sehfeldes uns niemals einen total wirklichen Blick ermöglichen (die (R)Ein-Sichtigkeit), und wenn kein Satz wirklich das herüberbringen kann, was der Sprechende gemeint hat, so benötigen wir zur wahren Normalität eben mehr, nämlich Folgendes: einen Blick und ein Sprechen, eine Bildrede, ein Bild-Wort-Wirkendes, das durch die – wie Lacan sie nennt – „défilés logiques" oder „défilés du signifiant", die logischen Engführungen, die Engführungen des *Signifikanten* bei jedem Einzelnen in seiner Weise hindurchgeht.

Der Schriftzug $\mathcal{N}O\mathcal{V}\mathcal{I}S\mathcal{U}\mathcal{I}D\mathcal{I}\mathcal{V}\mathcal{I}$ muss nur meditativ, gedanklich, mental wiederholt werden, um durch die défilés hindurch das Unbewusste, so wie erwähnt, anzuregen. Damit wird aus der Performanz eine Selbstanalyse gemacht, in der niemand anderer als das eigene Unbewusste zum Zug kommt. Denn indem das *Strahlt* und das *Spricht* durch die Einspurigkeit des NOVI SUI DIVI (jetzt in Normalschrift) hindurch muss, wird es zur Selbsterkenntnis, zur Selbstsicht und zum Gedankenhören gelangen, zu jenen ultrareduzierten Sätzen, die das Unbewusste jetzt jedoch direkt erfahrbar macht. Dabei handelt es sich um nichts Ungewöhnliches.

Es gibt ja wirklich Menschen, die sagen, dass sie Stimmen hören. Die, so könnte man sagen, in gewisser Weise sich selbst hören können. Die meisten wehren sich jedoch dagegen, dass dies etwas Pathologisches sei. Wie I. Stratenwerth in ihrer Analyse dieses Phänomens zeigt, gehört zur Pathologie des Stimmenhörens tatsächlich noch eine Menge anderer Symptome.[50] In dem Verfahren, das ich gerade mit dem Begriff der Selbstanalyse angeregt habe, die *Analytische Psychokatharsis*, ist das Wahrnehmen des eigenen Sehens, des „sich Sehen-Sehens" wie Lacan es ausdrückt, auf eine ganz enge, konzentrierte „Selbstsichtung" begrenzt. Und genau so ergeht es einem mit der „Ultrareduziertheit" des Stimmenhörens, das daher besser als ein Hören der eigenen Gedanken verstanden werden kann. Es sind oft die Gedanken, nach denen man hörig ist, obwohl man sie bei sich nicht mag, aber sie sagen die Wahrheit, besser als es der Therapeut einem zu entlocken vermag.

---

[50] Stratenwerth, I., Stimmen hören, Botschaften aus der inneren Welt, Piper (1999)

Ich muss kurz zusammenfassen: ich bin davon ausgegangen, dass wir Film sind, Schauspieler, Kameramann, Zuschauer und Leser, Zuhörer und Nachdenker in einem. Das ist gewiss keine besonders neue und originelle Erkenntnis. Ich habe zuerst die bildhafte Seite des Ganzen beschrieben, das unbewusste Schauen, den lichthaften Blick, die „Selbstsichtung", das *Strahlt* als Resultat der verschiedenen visuellen Ebenen. Wir glauben, dass wir klarsehend durch die Welt gehen, den Blick immer nach vorne gerichtet, egal ob im Kino oder sonst wo, und dass wir dabei so ziemlich genau das wahrnehmen, was man in etwa die Realität heißt.

Will man mehr oder Genaueres wahrnehmen, hält man sich eben – was z. B. die Natur angeht – an die Botanik, die Geologie, die Ethologie, die Molekulargenetik oder auch einfach nur an den Romantiker. Was den Menschen angeht, wird es schon schwieriger. Der spricht nämlich, und während wir ihn anschauen und etwas Bestimmtes zu sehen glauben, erzählt er uns davon genau das Gegenteilige. Gleiches passiert, wenn wir mit ihm reden und sich dabei sich sein Blick verändert, seine Mimik, seine Ausstrahlung. Was ist die Wahrheit? Die alten ewigen Fragen nach dem täglichen Allerletzten sind wieder da.

Ich habe erklärt, dass es beim Sprechen die gleichen Verwindungen, unbewussten Verschraubungen und Rätsel gibt, wie beim visuellen Wahrnehmen. Nun kann man in eine Psychoanalyse gehen, wenn es damit Probleme gibt, dass der Freund Feind, der Mann mau und der Vorgesetzte nur rein davorgesetzt ist. Ich bin so weit gegangen, dass man das Hören, das stimmliche Erfassen der eigenen Gedanken erlernen kann, so wie man es auch in der Psychoanalyse dadurch tut, dass man frei assoziiert, träumt, Phantasien beichtet und die dahinterliegenden Grundgedanken durch Interpretationen ermittelt. Für dieses nunmehr direkte Erfassen der eigenen Gedanken habe ich den rätselhaften Letternkreis der *Formel-Worte* entwickelt, den man meditieren (gedanklich langsam-monoton wiederholen) kann, weil er genau der unbewussten Kombination aus ultrareduziertem *Spricht* und unbewusstem *Strahlt* korreliert. Dies ist die zentrale These dieses Buches. Ich kehre nochmals kurz zum Gedankenhören zurück.

Die Durham University in England hat derzeit eine große Studie gestartet, die sich „Hearing the Voice" nennt. Man will wissen, warum es ein gesundes Stimmenhören gibt und andererseits wiederum krankhafte akustische Halluzinationen. Das Ganze fängt mit den frühkindlichen Monologen an, die das Kind abends im Bettchen mit sich hält, und die es sofort unterbricht, wenn jemand ins Zimmer kommt. Das Kind braucht diese Widerhalleffekte um Erlebtes zu verarbeiten, und es weiß auch schon ganz genau, dass es dies am besten nur mit sich alleine tun kann. „Die innere Stimme muss erlernt werden", sagt der Leiter der Studie C. Fernyhough. Schließlich ist diese Stimme nichts anderes als ein stimmlich artikulierter Gedanke, den man anders nicht zu denken vermag, da er mit dem Unbewussten verbunden ist. Wenn es aber aus Gründen seelischer Abwehr um zu stark verdrängte oder abgespaltene seelische Bereiche, zu sehr nach außen Drängendes geht, kann diese Stimme hörbar werden.

Seelische Abwehr ist – fast muss man sagen – ein Grundvorgang des menschlichen Seelenlebens. Es gibt Gedanken, die man bei sich einfach nicht mag. Niedrige Gedanken, Gedanken aus Schuld- oder Schamkomplexen, die unbewusst sind. Depressive Gedanken, Selbsthass. Wenn man all dies nicht genügend abwehren kann, vermag es in Form von inneren Stimmen aufzutauchen. Das sind dann zumindest halbpathologische Stimmen. Was nicht heißt, dass sie nicht auch wertvoll wären, denn Stratenwerth nennt diese Stimmen eine „Botschaft aus der inneren Welt". Die Botschaften, von denen sie jedoch berichtet, haben meist keine Aussage. Es handelt sich eben um Stimmen, die eher lästig sind und nichts Verwertbares von sich geben. Trotzdem müssen sie nicht gleich krankhaft sein.

Etwas anderes ist es, wenn man die Stimmen durch die Engführungen, durch die Einspurigkeit, von *N O V I S U I D I V I* alias N O V I S U I D I V I gehen lässt. Dann geht es nämlich nur noch um die „Stimme des Objekts", einer psychischen objektartigen Konstanz, eines psychischen Gefestigtseins, eines durch Übungen in Selbstanalyse gewonnenen Bestätigt Werdens und Identitätsbezugs. Das Hören reduziert sich beim Üben der *Analytischen Psychokatharsis* anfänglich meist auf einen Laut, also auf das Mindeste, das Primärste auf dem Feld des Sprech-Hör-Systems, des Sprechtriebs, des *Spricht*, um es wieder in meiner Nomenklatur zu sagen. Denn dann ist das Unbewusste gezwungen, sich selbst herauszugeben, zu offenbaren, zu äußern. Es tut dies zwar nicht unbedingt in Form einer Stimme, sondern eher in der Form eines Gedankens, der einem vielleicht im ersten Moment nicht immer als ein eigener Gedanke erscheint, es aber doch ist. Es kommt einem wie ein fast befremdender Einfall zu. Und doch spricht es aus einem selbst.

Gedanken richten sich üblicherweise nach einem bestimmten linearen Zug, den sie im relativ kontrollierten Zustand des Wachseins immer haben. Das muss nicht unbedingt und ganz streng nach den Regeln der oben genannten Grammatik und Syntax vor sich gehen. Die Gedanken können sich schon in Richtung des rein assoziativen Denkens bewegen oder auch nur ein sehr eindringliches Wort beinhalten. Selbst wenn sie durch die „défilés logiques" oder „défilés du signifiant" von 𝓝 𝓞 𝓥 𝟙 𝓢 𝓤 𝟙 𝓓 𝟙 𝓥 𝟙 gegangen sind, können sie – wie oben erwähnt – auch mal banal sein oder scheinen keine wesentliche Aussage zu haben. Ein guter Psychoanalytiker, der aus Traumphrasen einen Sinn herauslösen kann, wird aber auch aus der Banalität, ja aus der Lüge eine Wahrheit deuten können. Und es gibt auch die Gedanken, die extrem assoziativ sind und dennoch einen stets sich aufdrängenden linearen Gedanken ausdrücken.

So hatte ich einmal einen Patienten, der nach einem Bild-Zeitungs-Artikel, in dem über einen Mann berichtet wurde, der seinen Sohn aufgehängt hatte, von dem Gedanken verfolgt wurde, er könnte, ja müsste oder würde vielleicht seinem eigenen Sohn, auf den er stolz war, auch etwas antun. Es ist ganz klar, dass dieser Gedanke nicht nach dem Durchgang durch die Engführungen von N O V I S U I D I V I zustande kam, sondern durch die Engführungen eines ganz bestimmten Schuld-Schamkomplexes, dessen Aufdeckung viele Therapiestunden lang gedauert hat. Der Patient war ein erfolgreicher Export-Import-Kaufmann, hatte eine überaus positive Ausstrahlung, aber den ihm bedrohlich scheinenden, wütenden Vater, lebenslang gehasst. So hat er sich eigentlich sich selbst als einem ebenso schlechten Vater etwas antun wollen. Die eher farblose, aber ihren Sohn abgöttisch liebende Mutter wurde von diesem wie eine Heilige verehrt, auch weil sie ihm alles erlaubte.

Der Vater war gar nicht so ungut, zwar wenig zu Hause aber ebenfalls erfolgreich. Doch das seelische Vater-Prinzip, die seit jeher das Clanleben überragende Vater-Metapher, verlangt einen Ausgleich. Nicht der leibliche Vater, sondern dieses Prinzip verurteilt Ödipus, als er die Mutter heiratete, und so musste mein Patient sich selbst bestrafen, weil er mit der Mutter eine zu enge Beziehung unterhielt. Er bestrafte sich mit der mörderischen Phantasie nunmehr nicht sich, sondern den Sohn umbringen zu müssen. So konnte ich feststellen, dass bei dem Patienten sich alles irgendwie umkehren musste. Der Weg, selbst ein normaler Vater mit seiner Vorbildfunktion und seinen alltäglichen Verboten zu werden, war ihm versperrt. Er musste selbst Sohn bleiben, jedoch Sohn einer Heiligen, die ihm alle Wünsche erfüllte.

Gegen Ende der Therapie empfahl ich ihm das Üben mit dem *Wort* N O V I S U I D I V I und noch zwei weiteren derartigen formelhaften Formulierungen. Nach einiger Zeit des Übens erzählte er mir, er habe wie von der Ferne her, wie aus der Tiefe heraus den Gedanken gehabt: „Brudertier". Brudertier? Welcher Bruder, welches Tier? Als Kind hätte er so gerne ein Haustier gehabt, das wie ein Bruder zum ihm gewesen wäre. Aber jetzt, so ergänzte ich zuerst einmal nur für mich, ist er selber das brüderliche Tier.

Zu seinem Sohn will er nämlich durchaus Bruder sein, übernimmt sich in Spielen und Spaßevents für ihn. Aber manchmal – wenn sich das Kind recht zickig benimmt – reißt ihm die Geduld, er packt ihn sehr heftig und schreit ihn an. Das ist seine „tierische" Seite. Nach einem längeren Gespräch über dieses *Pass-Wort* – wie ich den Gedanken „Brudertier", den er gehört hat, nenne – sieht er die Zusammenhänge ein. Sie seien ihm auch schon so „augenscheinlich" geworden, sagte er (er benutzte nicht diese Vokabel, aber eine entsprechende). Das Gedankenhören bringt einen Erscheinungseffekt mit sich, der einem ein bisschen die ultrareduzierte Durchschlagskraft des Unbewussten mitvermittelt. Der Patient war Film und Buch, aber der Film wurde jetzt durchsichtiger, interpretierbarer. Selbstsichtung und Gedankenhören sind jetzt die Akteure, Regisseure des Films und Interpret des Buches geworden, der durch diese konzeptionelle Weiterentwicklung gewonnen hat.

Kurioser Weise gibt es tatsächlich ein Buch mit dem Titel ‚Brudertier', das auch genau hierher passt. Es wurde von dem Politikwissenschaftler P. Roazen verfasst und bezog sich auf den Konflikt von Freud mit Victor

Tausk, der mit dem Suizid Tausks endete. H. Krieger schrieb darüber in der ZEIT 1973:

„Tausks Leben drehte sich um Freud, *„wie eine Motte das Licht umschwirrt"; er „zehrte sich auf im Kampf mit Freud. Seine Vernichtung durch Freud schien unausweichlich zu sein."* War es Freud oder, wie dieser mutmaßte, *„das Vatergespenst",* mit dem Tausk bis zur Selbstvernichtung rang? Oder läuft beides letztlich auf dasselbe hinaus, weil Freud für seine Schüler zum Übervater wurde, mit dem sie sich identifizierten und den sie insgeheim oder offen auch hassen mussten für die Abhängigkeit von ihm"?

„Tausk war erst Richter, Journalist und Schriftsteller gewesen, ehe er, dreißigjährig, nach Wien ging, um Medizin zu studieren und sich der Psychoanalyse zu weihen. Auf Frauen wirkte er anziehend, doch Bindung hielt er nicht aus. Eine Ehe war gescheitert, mehrere Liebesbeziehungen waren nach kurzer Zeit in die Brüche gegangen. Eine dieser Frauen war Lou Andreas-Salome, die Freundin Nietzsches und Rilkes, und sie war offenbar die einzige, vor der Tausk nicht floh; aber sie war es, die ihn [als Vertraute Freuds] fallenließ".

„Tausk war ein eifriger Streiter für die Psychoanalyse, erwarb sich Achtung mit einigen gewichtigen theoretischen Beiträgen (er führte den Begriff der Identität ein und schrieb eine Arbeit über den „Beeinflussungsapparat" des Paranoikers), aber seine philosophischen Neigungen waren Freud suspekt, und seine Aggressivität stieß viele zurück. *„Das ,Motiv war die Abwendung Freuds",* schrieb Paul Federn . . . Hatte Freud vor sich

selbst etwas zu verbergen, als er den Freitod seines un-
geliebten Schülers mit den Erschütterungen des Welt-
krieges und den Schwierigkeiten neuer Existenzbegründung zu erklären suchte"?

Offensichtlich war Tausk einer der intelligentesten und
rasch vorwärtsstürmenden jungen Psychoanalytiker,
wich aber wohl seinen eigenen Problemen aus, um sich
selbst mit Freud an den neusten Forschungen der sich
erst entwickelnden Psychoanalyse zu beteiligen. Wie
bei dem von mir geschilderten Patienten musste diese
angespannte und fast kriegerische Vater-Sohn-
Beziehung in mörderische Schwierigkeiten geraten. Für
den Vater Freud war der Sohn Tausk daher ein unlösba-
rer Fall, der auf beiden einen Schatten zurücklies.

6. Selbstsichtung und Klartraum

In der *Analytischen Psychokatharsis*, dem psychoanaly-
tisch-meditativen Verfahren, das mit den *Formel-
Worten* wie dem ENS – CIS – NOM, dem NOVI-SUI-
DIVI und anderen arbeitet, sind Bild und Sprache,
Bild- und Worthaftes, Augenscheinliches und Gedan-
kenhörendes – wie jetzt schon mehrmals betont – eng
verbunden. Dennoch ist es von Vorteil sie z. B. in dem,
was auch die Kunsttherapie tut, sie nämlich in künstlerisch bildhafter und in analytisch worthafter Form ausgedrückt, plausibel zusammenzuführen. Das heißt, der
Kunsttherapeut lässt seinen Probanden selbst malen und
die Bilder werden interpretiert, während ich hier in diesem Buch fast eher umgekehrt versuchen will, bildende
Kunst als das Augenscheinliche und psychoanalytisches
Wort als der Gedankenhörende direkt zu kombinieren.

Dadurch entstehen Beispiele, wie man sie in den Übungen der *Analytischen Psychokatharsis* selbst erfahren
kann, wie man also Künstlerisches bei sich selbst er-
gründen kann, ohne professionell Künstler oder Sach-
verständiger (Kunsthistoriker) zu sein. Nichts kann die
eigene Erfahrung oder die eigene Kreativität ersetzen,
aber Beispiele sind dennoch nützlich. So verfährt der
Kunsthistoriker gänzlich anders als der Kunsttherapeut
oder derjenige wie ich, der die oben genannten zwei
Wesensformen, das *Strahlt* in Form der Selbstsichtung
und das *Spricht* in Form des Gedankenhörens, verbindet. Der Kunsthistoriker verwendet auch nicht die Interpretationen von den Personen, die Kunstwerke von

Künstlern genüsslich betrachten. Er vergleicht intellektuell-akademisch die verschiedenen Stilrichtungen, Techniken, Farbkompositionen und andere Einflüsse im Kunstgeschehen. Ihm fehlt genau das, was ich weiter oben schon das ‚autochthone Genießen‘ genannt habe, bzw. eine Erfahrung davon.

Zu Anfang daher ein Bild, das ein Kind gemalt hat und das ihm den Titel „Vater und Mutter" gegeben hat. Natürlich ist das Kind kein Künstler, auch wenn Bild und Titel originell zusammenpassen. Deswegen stelle ich es vor. Es ist jedem sofort einsichtig, um was es hier geht. Bei diesem Kind zu Hause herrschen offensichtlich et

was turbulente Zustände. Das ist knapp und präzise erfasst, auch wenn in den besten Familien häufig ein Kind solch ein Bild malt. Aber es würde ihm nicht diesen Titel geben. Für mein *Strahlt / Spricht*-Konzept ist eine derartige knappe und präzise Zusammenfassung wichtig. Auf jeden Fall sind in diesem Beispiel Bild und Titel in sich und zudem aufeinander bezogen recht aussagekräftig. Nur eine sehr ausführliche, plastisch dargestellte Erklärung und eine weiterhin dramaturgisch gelungene Beschreibung der Familiensituation könnten das Bild evtl. ersetzen, während das Bild ohne Titel nur schwer die Wahrheit vermitteln würde.

Bild und Sprache (Titel) sind also hier extrem aufeinander angewiesen. Umgekehrt gibt es oft Bilder, wie etwa Munchs „Schrei", die einen Titel gar nicht gebraucht hätten, und es gibt Sätze, die durch kein Bild je ausgedrückt werden könnten, wie etwa Lacans Formulierung: „Wer das Brot der Wahrheit mit seinesgleichen bricht, teilt die Lüge aus". Wahrheit und Lüge, Orthodoxie und das Parteiliche des „seinesgleichen" sind ideal verknüpft. Dieser Satz könnte genauso gut zum obigen Bild des Kindes passen, denn nirgendwo wird Wahrheit und Lüge mehr strapaziert als in dem ‚Seinesgleichen' der Familie (Vater, Mutter und Kinder), der Parteipolitik, des Militärs oder der religiösen Konfession.

Detailliertere Erkenntnisse über das Dreieck Vater, Mutter und Kind sind nun durch das obige Bild samt Titel auch wieder nicht zu haben. Hier wäre vielleicht E. Noldes Bild „Familie" aussagekräftiger (siehe Abb. unten). Die Zeichnung des Kindes ist eben zu einfach, infantil, ein bisschen gedankenlos, während Nolde uns hier in die gleiche Thematik, vielleicht sogar gleiche Familiensituation samt psychologischem Hintergrund einweiht (Abbildung unten). Es zeigt, dass es um eine Vertiefung des Titels ‚Familie' im psychologisch-kunst-

historischen Sinne geht, auch wenn der Begriff Kunsthistorie hier etwas kritisch, heikel und schwierig zu handhaben ist. Denn es soll in diesem Bild ja nicht speziell um Kunsthistorie gehen, eher um äußerst expressionistische Darstellung der familiären Beziehungen.

Aber der Begriff hat sich so eingebürgert und schon das nächste Bild verweist ausgerechnet auf tiefste und lange zurückliegende Historie. Es soll ein Bild aus längst vergangenen Zeiten zeigen, aus einer Zeit vielleicht, als der moderne Mensch aus Afrika nach Europa eingewandert ist, fast aus seiner Entstehungszeit also. Und auch dies hat ja eben wieder wissenschaftlich psychologisches Interesse. Auch hier könnte wieder eine Familienkonstellation angezeigt sein, wie sie für die Psychoanalyse wichtig ist. Das Bild stammt von Felszeichnungen aus China und hat jetzt zwar nicht das gerade erwähnte extreme Alter, aber es ist dafür sehr typisch in seiner knappen und präzise stilisierten Art (siehe Abb. unten, Felszeichnung aus Hua´an, Fujin, China (Vater, Mutter und zwei Kinder?). Die Menschen sind einfach dahingesetzt und dennoch in affektvoller Bewegung.

Auch hier also vielleicht wieder eine Familie in ihrer gegenseitigen Dynamik voll Freude oder Angst, voll Dramatik oder Tanz. Egal, wichtig ist der enge Zusammenhang zwischen Bild- und Wort-Wirklichem, wenn man sich vorerst darauf einigen kann, dass es im weitesten Sinne um ,Familie' geht.

Denn ,Familie', dieser Hort größten Glücks und Unglücks zugleich, voll von Bindungs- aber auch Spannungsliebe, ist Hort des zu nahen und doch auch nur schwierig zu lebenden Eros. Aus all den gezeigten Bildern könnte dies heraus zu lesen sein. Wir kämen somit einer Wort / Bild-Wissenschaft (mit psychoanalyti-schem Hintergrund) zunehmend näher. Ich will ja Worte und Bilder alleine sich einen wissenschaftlichen Wert von selbst geben lassen. Das Ding soll von sich aus alleine laufen. Es soll nicht Kunsttherapie heißen, nicht Bildwissenschaft oder Linguistik, Kunsthistorie und auch nicht Psychoanalyse im herkömmlichen Sinne. Die zwei Grundprinzipien des Bild-Wort-Wirkenden, des *Strahlt/Spricht*, zu- und gegeneinandergestellt fangen

von selbst an ihre Wissen-schaft zu etablieren. Hinter sie selbst geht nichts zurück. Mit ihnen habe ich in diesem Kapitel mit dem anfänglichen Ausdruck des Augenscheinli-chen und des Gedankenhö-rens begonnen.[51]

Und nochmals gleich an-schließend ein Bild gleichen Titels (Familie) von E. Kirchner mit einem Kom-mentar, der von der Kunsthalle Erfurt anlässlich einer Ausstellung Anfang 2010 dazu geschrieben wurde: „Das in den Jahren 1927-28 entstandene Gemälde ‚Die Familie' zeigt dies sehr deutlich. Es ist im Auftrag des Folkwang Museums in Essen entstanden, als Vorberei-tung auf einen umfangreich geplanten Fresken-Zyklus,

---

[51] Ich folge damit exakt Lacan, der zwei Grundsignifikanten, den *Signifikanten* des Herren (Spricht) und den des Wissens (Scheint, Strahlt) an den Anfang stellt.

der jedoch nie ausgeführt wurde. Das Bild zeigt eine kleine Familie in freier Natur: Vater, Mutter und ein kleines Kind. Der links stehende Vater wendet sich der sitzenden Mutter liebevoll zu, während diese den Säugling an ihrer Brust hält. Sind an den Bildrändern verschiedene Naturdetails gut zu erkennen, so verselbständigen sich die Farbformen innerhalb der Figurengruppe zu organisch wirkenden Verschlingungen, welche die Figuren unlösbar miteinander verbinden und auf diese Weise symbolisch jenen intensiven menschlichen Zusammenhalt herstellen, den sich Kirchner vorstellte.

Die Gesichter von Mann und Frau als geistige und emotionale Zentren der Gruppe werden durch verzweigte grüne Formen miteinander verbunden. Die abnehmende Farbsättigung der Rosa- und Grüntöne hin zum Säugling verweist auf ein Leben, das noch ganz am Anfang seiner Entwicklung steht. Gelbe Farbbänder wiederum verbinden den Kopf des Babys mit der Schulter des Vaters und den Nabel mit dem Kopf der Mutter. So wird nicht nur die äußere Zusammengehörigkeit dieser Personen visualisiert, sondern auch ein innerer Lebensstrom, der die drei miteinander verbindet.“

Ich finde, dass der Kommentator das Bild gut erfasst. Vielleicht hätte er noch erwähnen sollen, dass das Bild ein bisschen an die ‚Heilige Familie‘ erinnert, wenn ich hier einen psychoanalytischen Hintergrund anbringen darf (auch wenn es hier eben nicht um herkömmliche Psychoanalyse geht). Es könnte sein, dass der Künstler hier wirklich von einem konfessionellen Gedanken geführt war, und dann hat das Bild Aussagekraft speziell in diesem konfessionellen Zusammenhang, von dem man vielleicht äußersten Falls noch sagen könnte, er ist zu sehr geschönt, eben religiös verbrämt, ästhetisch konfessionell erhöht. Das mag in einem kirchlichen Zusammenhang wunderbar sein, aber ich wollte ja von Bildern ausgehen, die sich selbst artikulieren und so z. B. ‚Familie' in ihrer ganzen Breite und Vielschichtigkeit, Schönheit und Gewalt, Nähe und Distanz etc. zeigen. Da aber der Kommentator sagt, dass das Bild eine Familie in der Natur zeigt und der Freskenzyklus im Folkwang-Museum nicht einer konfessionellen Richtung gewidmet war, lasse ich das Bild so stehen. Es zeigt ‚Familie'.

Denn es ist wirklich großartig zu sehen, wie das gelbe Farbband und das Grün der Gesichter „organisch wirkende Verschlingungen" bilden, die doch genau das betonen, was von Anfang an hier zur Rede stand: die Verschlingung von Bild und Wort, von „*Strahlt / Spricht*". Durch die Farbbänder sind die Personen der Familie harmonisch verwoben aber auch gefesselt, organisch verwachsen, aber auch gebunden. Das hat das Kind in Bild Nr. 1 auch gefühlt, getan oder auch nur gekritzelt. Nolde hat es bereits reichhaltiger ausgestaltet und zwar ebenfalls ohne die Dynamik der Familie in eine einseitige Richtung zu lenken, auch wenn er gegenüber Kirchner spannungsgeladener, wilder, dramatischer wirkt. Und die chinesischen Felsmaler hatten wiederum ihre eigene Gestaltungsidee.

Doch summa summarum ist dies alles nicht wichtig. Wichtig ist, dass uns „Familie" klarer, dichter geworden und näher gekommen ist. Doch ich will darauf hinaus, dass man ohne jedes Bild und ohne jedes Wort wir mit den Übungen der *Analytischen Psychokatharsis* auch dahin kommen könnten. Zwar streift man fast immer in derartigen psychologischen Übungen das Thema ‚Familie'. Aber selbst wenn das nicht so ist, auch ‚Familie' war ja nur ein fürs Erste genommener Name, eine Chiffre, die durchaus ungelöst bleiben kann. Die *Analytische Psychokatharsis* ist nicht für dieses spezielle Thema gemacht, sondern für die Selbstenthüllung, Selbsterkenntnis, Subjektklärung, für die Wissenschaft v o m Subjekt selbst. Kein Name, kein Begriff steht hier schon von vornherein dem Subjekt im Weg. Wenn Es Familie nicht braucht, dann eben nicht, dann war dies jetzt eben nur eine Einleitung. Es, das Subjekt ist sich Seins selber.

Verlassen wir also ‚Familie'. Nur womit fängt man an, ohne auch hier schon wieder etwas Eigenwilliges zu voreilig zu suggerieren? *Strahlt* und *Spricht* sollen von sich aus die Wissenschaft, um die es geht, hervorbringen. Was den Schwerpunkt Sprache angeht, so kann man sich hier gut auf die klassische Psychoanalyse verlassen: Vorwiegend das Subjekt soll sprechen, egal was, je spontaner und assoziativer, umso besser. Es handelt sich also um eine Subjekt-Sprache, die zugrunde liegt. Das ist keine subjektive Sprache, denn das Subjekt hält sich ja an die allgemein gültigen und funktionierenden Sprachvorgänge. Aber Es spricht sich aus. Manchmal ist es fast so, als ob es „unter sich" spräche. Es, das Subjekt. Und so muss es natürlich auch auf der Seite des

Bildhaften etwas Entsprechendes geben. Das Subjekt-Bild als solches.

Asger Jorn (1914-1973) Paatrængende Væsener, hvis Existensberettigelse bevises ved deres Existens. 1939-40. Vejle Kunstmuseum.

Für jeden Menschen gibt es derartige Subjekt-Bilder, die wiederum auf die „Vorstellungsrepräsentanz" verweisen, wenn auch die meisten davon nichts wissen. Ich erinnere wieder an meinen ‚Baum'. Aber die Maler machen es uns besser vor. So beispielsweise Asgar Jorn und andere aus der Maler-Gruppe Cobra, die möglichst spontanen Einfällen entsprechend, sozusagen „frei assoziierend" gemalt haben (Abb. oben). Sie haben möglichst spontan ihr Subjektsein ausdrücken wollen, so wie wir es in einer Psychoanalyse von unseren Patienten erwarten. Und vielleicht hat Asger Jorn hier sein Subjektbild gemalt, also das Bild, das sein Wesen subjektbezogen ausdrückt. Schließlich hat er im Titel von drängenden Wesen und Organismen gesprochen, wobei die Existenzbegründung sich einfach schon durch deren Existenz bewährt, es also tatsächlich um so etwas geht wie Subjekte, die durch sich selbst sind. Genau um so etwas geht es auch in der Bildtheorie Lacans, die wohl das wissenschaftlich Neueste auf dem Gebiet von Bild und Sprache ist.

Ich muss dazu nochmals zu Lacan und seiner Theorie des Sehens zurückkehren. „Das menschliche Subjekt", so Lacan, „das Subjekt des Begehrens, welches das Wesen des Menschen ausmacht, unterliegt im Gegensatz zum Tier nicht ganz dem imaginären Befangensein. Es zeichnet sich aus. Wie das ? In dem Maße, wie es die Funktion des Schirms (siehe Schema Abb. a und b im Anfangskapitel) herauslöst und mit ihr spielt. Tatsächlich vermag der Mensch mit der Maske [dem Schirm oder Filter] zu spielen, ist er doch etwas, über dem jenseits der Blick dominiert [*Strahlt*]. Der Schirm ist hier Ort der Vermittlung." Er bringt eine Ordnung in die Blicke, ja ist dauernd damit beschäftigt, so dass diese Vermittlung schließlich die Ausmaße des Symbolischen und des Sprechens erreicht.

Aber werden die Blicke dadurch vermindert, vergessen, ja gar zerstört? In der herkömmlichen Psychoanalyse ist dies – mas o meno – tatsächlich der Fall, lediglich Lacan hat mit seiner Topologie und Faden-Geometrie (Schlingen- und Knotenbildungen) ein bisschen Bildhaftes in die Methodik hereingebracht. Doch die großen Visionen der Mystiker, die Monumental- und Deckengemälde da Vincis und Michelangelos und nun selbst schon die durchdringend ausdruckstarken Bilder der Expressionisten sind in den Hintergrund getreten. Es gibt nur noch Netflix und TV.

Das ‚Naturschöne' – wie Byung-Chul_Han sagt – ist verschwunden. Nunmehr, wie er weiter schreibt, „ist das

Glatte die Signatur der Gegenwart. Es verbindet Skulpturen von Jeff Koons. iPhone und Brazilian Waxing miteinander... Das Glatte verletzt nicht. Von ihm geht auch kein Widerstand mehr aus. .. Heute wird selbst das Schöne geglättet, es erschöpft sich im *Gefällt-mir*.. Wo das Gefallen, *Like,* sich vordrängt, erlahmt die *Erfahrung*, die ohne Negativität nicht möglich ist".[52] Über viele weiter Aspekte dieser Blicke ohne Schirm, so z. B. das Close-up, argumentiert er erneut, dass diese so in extremer Vergrößerung „aufgenommenen Körperteile wie Geschlechtsteile wirken. „Jedes Bild, jede Form, jede aus der Nähe betrachtete Körperpartie ist ein Geschlechtsteil", zitiert er Baudrillard.

Es fehlt also der Schirm. Daraus, speziell aus dieser Schirmfunktion will ich das entwickeln, was ich letztendlich fast in der Form eines Wappens, eines Gütesiegels, eines heraldischen Zeichens als hilfreiche Stütze anbieten kann, das kreisgeschriebene *N O V I S U I D I V I* also eine ideale Verbindung des Bild-Wort-Wirklichen), wenn auch rein f o r m a l e r Natur. Doch damit bleibt das Schöne und Wahre erhalten, zu denen Byung-Chul Han zahlreiche Begriffe wie Rückzug, Andersheit und Schmerz rechnet. Schöne Frauen meint er, sind schmerzend schön, erst auf diese Weise bekommen sie einen erhabenen Wesenszug. Die *Formel-Worte* liegen auf der gleichen Ebene.

---

[52] Byung-Chul Han, Die Errettung des Schönen, fischer wissenschaft (1916) S. 9-17

Der Mensch ist einer komplexeren Bildbedeutung ausgeliefert, kann aber auch damit spielen, was dem Tier nicht gelingt, wie gerade oben gesagt. Aber gerade dadurch kommt er zur wirklichen Schau der Dinge, indem es beispielsweise dem Maler gelingt, Bild und Sprache in einer eng vernetzten Form auszudrücken. Dies passiert allerdings nicht oft, aber ich zeige nochmals ein Bild von Kirchner hier als Beispiel, in dem es doch gelungen ist. Auch ohne Titel errät man, um was es hier geht, nämlich um eine unglaublich gut gelungene Verknotung, Ineinander-verwindung und Verwobenheit eines Paares. Zudem vermittelt das Bild – wie ich finde – den Charakter der Freud´schen Urszene, bei der es sich bekanntlich um die meist verdrängte Erinnerung des Kindes an eine derartige Ineinanderverwindung der Eltern handelt. Diese Szene beinhaltet für das Kind eine gemischt aggressiv-libidinöse Erfahrung, auch etwas Unheimliches und Gefährliches, was in dem isolierten oberen Auge, in der aus dem Tannenwald kommenden dunklen Hand und einigen anderen Aspekten deutlich wird. Dennoch ist es genau das, was der Maler im Titel nennt: ein Liebespaar.

Vielleicht hätte er es auch so nennen können, wie J. Lacan es gerne ausdrückt: „Es gibt kein Geschlechtsverhältnis." Es gibt nichts, mit dem man die Vereinigung der Geschlechter in ihrer Gänze ausdrücken, definieren oder gar schreiben könnte, nicht mit der besten Sprache, nicht mit dem besten Bild. Wohl gibt es ‚Geschlechtliches', Sexuelles und Amouröses, aber eben keine wirkliche Geschlechtsbeziehung, obwohl die meisten Menschen daran verzweifelt festhalten. Auch damit bin ich meinem Ziel wieder näher gekommen, denn es gibt so gesehen natürlich auch keine wirkliche Verbindung von Bild und Sprache, d. h. es gibt sie im Endeffekt nur, wenn jeder sie für sich selbst herstellt. Sie für sich selbst herstellen heißt, Wissenschaft und Kunst verbinden, und das heißt laut Goethe wirklich Religion haben. Alle andere Art von Religion ist nur äußerlich. Und ich nenne das Ganze dann eben eine Kombinatorik von Selbstsichtigem und stimmig gehörten Gedanken.

Kirchners Bild ist tatsächlich ein Subjekt-Bild, vielleicht nur für ihn, vielleicht für mehrere, viele. Zweifellos ist hier Liebe im Spiel, aber ein ‚Geschlechtsverhältnis' lässt sich wohl nicht erkennen, obwohl es ihm freilich näher kommt als jede Pornographie. Denn wie gerade erwähnt, jeder muss sein Subjekt-Bild selber finden, der Maler tut es vielleicht viel intensiver als jeder andere und deswegen fällt ja manchmal auch von seinen Subjekt-Bildern ein wenig für die anderen Sterblichen ab.

Aber auch er muss seinen Namen darin finden, seine Silbe, Syllabe. Er gibt den Bildern einen Titel, auch wenn nicht immer klar ist, welchen. Oft benutzen allerdings auch die Maler diese unverbindliche und letztlich ja rücksichtslose Chiffre des „Ohne Titel". Sie sind zu faul oder zu unsicher, zu verlegen oder provokant und schreiben eine so lange Formulierung von immerhin zehn Buchstabe hin, nur um nichts damit zu sagen. Dennoch steckt darin eine Chance: eben gerade die, die ich ja auch suche, wenn ich sagte, es muss jeder von der Subjekt-Seite her herausfinden, um was es geht und mit Hilfe des Verfahrens .der *Analytischen Psychokatharsis* auch einen eigenen Namen (*Pass-Wort*) dafür finden.

Das Wesen des Klartraums

Nicht unbedingt besser als intensiver kann das Wesen der Klarträume eine bessere Kombination von *Strahlt* und *Spricht* demonstrieren. Unter der Rubrik ‚Spiegel Bestseller' kommentiert F. Thadeusz das Buch von S. Klein über die Träume.[53] Er berichtet von der Frankfurter Psychologin U. Voss, die ein Seminar zum Thema ‚luzide Träume' mit großer Resonanz bei den Zuhörern veranstaltete.

„Wir befinden uns im Goldenen Zeitalter der Traum-forschung", glaubt Voss. Sie gehe davon aus, "dass sich in den kommenden Jahren wesentliche Wissenslü-cken schließen werden". . . . Verblüffend, dass der Träumende überhaupt ein Gefühl für seinen Körper hat, denn der Precuneus – jener Hirnteil, der dem Menschen im Wachzustand die Selbstwahrnehmung ermöglicht – ist im REM-Schlaf ausgeschaltet. . . Der Ort, der den REM-Schlaf auslöst – die Brücke, ein zum Hirnstamm gehörender Teil des Gehirns ist von elabo-

---

[53] Klein, S., Träume, Eine Reise in unsere innere Wirklichkeit. S. Fischer (2014)

rierter Bewusstseinstätigkeit dieser Region aber weit entfernt. Von verbotenen Triebwünschen im Traum konnte von nun an nicht mehr die Rede sein".

Aber warum denn nicht? Diese Strebungen sitzen doch nicht im Großhirn, sondern in Freuds unbewusstem Es, das der Neurologe Luria nicht so sehr in der Brückensituation sondern in anderen tieferen Gehirnzentren nachwies. Soll man wirklich glauben, dass *„Traumforscher inzwischen einige Belege dafür gesammelt haben, dass Menschen, die häufiger luzide träumen, zugleich eine besondere Begabung besitzen, nämlich ‚eine deutlich höhere Fähigkeit, alltägliche Probleme zu lösen‘, wie der Psychologe Patrick Bourke von der britischen University of Lincoln zu diesem Thema sagt. . . . Bourke und seine Studentin Hannah Shaw ließen im Labor normal und wachträumende Probanden verschiedene Denkaufgaben lösen; dabei waren die luziden Träumer durchweg erfolgreicher als jene, die das Traumgeschehen nur passiv vorüberziehen ließen.*

Dazu kommt, dass die Psychologin U. Voss bei ihren Probanden versuchte, die Klarträume durch leichte Stromstöße anzuregen. Schon kurz danach wurden die Personen geweckt und erzählten fast übereinstimmend, dass sie einen Klartraum gehabt hätten. Grundsätzlich ist bekannt, dass diese luziden Träume nicht lange anhalten, oft nur ein paar Sekunden. Auch ich habe selbst Klarträume erlebt, da ich im Rahmen meiner Übungen der *Analytischen Psychokatharsis* wahrscheinlich dazu etwas prädestiniert war. Man hat im Klartraum eine gewisse Bewusstheit – die meisten sagen Bewusstsein hinsichtlich dessen, dass man träumt. Es besteht eine Halbwachheit, die ich immer nur als eigenartigen Zustand auffasste, vernunft- und kritiklos. Ich konnte so über phantastische Landschaften gleiten, aber mir fiel dann nicht weiteres ein. Mir war nur immer klar, dass ich ein ,höher' anstreben sollte, doch wenn ich dann über die Bergrücken schwebte, bekam ich stets Angst wie Ikarus der Sonne dadurch zu nahe zu kommen und die Hitze nicht aushalten zu können. Ein wahrscheinlich ganz kindlicher, intuitiver Reflex. Aber er zeigt im Gegensatz zu den gerade geschilderten ,höheren Fähigkeiten' auch, dass man in diesem Zustand nicht die volle kritische Bewusstseinsmacht hat. Warum sollte man Angst vor der Sonne haben, wenn man ruhig im Bett liegt?

Auch der Autor S. Klein schildert eigene Erlebnisse, die jedoch mehr dissoziative (Spaltungs-) Zustände waren. Ich habe das Phänomen der psychischen Spaltung schon erwähnt, wie er auch als Abwehrmechanismus in der Psychoanalyse beschrieben wird. Aber zwischen Psyche und Gehirn oder zwischen Gehirnanteilen können Dissoziationen auftreten. Ich habe in der Klink einmal einen Patienten mit einem Uncinatusanfall erlebt, einer fokalen epileptischen Erkrankung, die manchmal mit faszinierenden Geschmacks und Geruchserfahrungen einhergeht. Ich fragte mich, ob so etwas nicht auch als luzides Traumgeschehen durchgehen könnte, denn die Personen, die dies erleben, sind halbbewusst.

In einem Interview in der FAZ vom Sonntag, den 28. 9.14 berichtet S. Klein, dass Träume auch ohne differenzierte Freud´sche Deutung hilfreich sind.[54] Klein deutet seine Träume existenziell, also hinsichtlich der täglichen Ereignisse oder tiefer Emotionalität. Warum nicht? Wenn er Kraft daraus schöpft und – wie er sagt – ästhetischen Gefallen daran findet, das ihn bereichert, ist dies sicher positiv. In dem Interview erzählt er einen seiner Träume: „Ich schlief auf dem Bauch eines Pferdes. Das Pferd lag auf dem Rücken, es war riesengroß, und ich spürte die Wärme und wie der Bauch sich hebt und senkt. Das war erstaunlich." Nach der Bedeutung des Traums befragt, erwidert Klein: „Er verarbeitet eine Erinnerung aus den Sommerferien. Ich nehme mit meiner ältesten Tochter Reitstunden." Na, so was!

Freud wäre wohl auf eine andere Deutung gekommen, meint die Interviewerin. „Vielleicht hätte er gedeutet," sagt Klein selbst dazu, „ich wolle meine Mutter beschlafen." Freud hätte uns zu viel Angst gemacht, indem er überall Verbotenes und Verdrängtes witterte, berichtet er weiterhin. Er habe Tabus geschaffen, wo keine sein müssten. Doch ich glaube, dass Klein Freud nicht richtig verstanden hat. Freud hätte sicher in dem erwähnten Traum in dem riesengroßen Pferd die frühe, präödipale Mutter gesehen und den Träumer noch als sehr kleines Kind. Die Wärme und Atembewegungen passen gut zu Erinnerungen an diese Zeit. Sicher haben die Reitstunden mit der Tochter, also einer ebenso nahen Verwandten, den Träumer an diese intensive Nähe erinnert.

---

[54] Klein, S., Träume. Eine Reise in unsere innere Wirklichkeit, Fischer (2014)

Was die Pferd/Mutter-Imago angeht, klingt das Begehren des Träumers nicht nach einem sexuellen Intimverkehr, sondern eher danach, wieder in ihrer wärmenden und pulsierenden Höhle, aus der man gekommen ist, mit ihr vereint zu sein, ohne zu ahnen, dass diese präödipale Höhle auch gefährlich sein kann. Im Ödipus Drama wird diese Figur durch die Sphinx repräsentiert. Dass dieser Traum aber durch die Reitstunden mit der Tochter ausgelöst wurde, könnte ebenso an eine zu große Nähe denken lassen, die Klein genauso wie das Präödipale nicht sieht. Das Wort Inzest bedeutet in der Psychoanalyse eine Leerstelle, eine Kluft, eine Null. Es ist ein Unwort, das im Hintergrund aufleuchtet und eine zu starke Regression, Rückkehr zu einfacheren, früheren, elementareren seelischen Zuständen ausdrückt. Klein hat durchaus recht, dass wir solche Rückkehren brauchen, und das Wort Inzest muss uns dabei nicht nur Angst machen, genauso wenig wie das Wort Kannibalismus. In der Psychoanalyse benötigt man manchmal deftige Worte, so wie ich meine, dass N O V U I S U I D I V I das deftigste Wort ist, das es gibt. Deftig in seinem scheinbaren Nonsens, seiner linguistischen Leere, die durch eine Überdeterminierung, also ein zu viel an Bedeutungen, erzeugt wird. Deftig aber auch in seinem heilsamen Effekt.

Wie ich noch am Begriff des „toten Signifikanten" zeigen werde, ist die Leere genauso wie der Tod deswegen so wichtig, denn sie provozieren am effektvollsten die Fülle und das Leben. Ich habe auch darauf hingewiesen, dass man dies sogar am besten in der Physik sehen kann (und S. Klein studierte Physik), wo im absoluten Vakuum Materie und Energie erst recht dramatisch ihr wahres Gesicht zeigen. So eben zeigt der Traum oder die Meditation, gerade weil das logisch gerichtete Denken hier möglichst reduziert ist, Aspekte der irrationalen Wahrheit. So könnte das Bild mit dem riesengroßen Pferd im genannten Traum, gerade wegen der allzu positiven Einlullung in den Schlaf auf dessen Bauch auch Angst machen. Kann so ein übergroßes Tier einen nicht wie die Sphinx erdrücken?

Wenn sich der Autor des Traumbuchs schon so sehr und durchaus zu Recht gegen Freuds Ödipuskomplex wehrt, weiß er vielleicht nicht, dass dieser Komplex zwei Seiten hat. Die eine ist die, gegen die sich S. Klein richtet, nämlich die an den Sohn gerichtete Mahnung: „Rühr die Mutter nicht an!" Die zweite ist die an die Mutter selbst gerichtete Mahnung: „Friss deinen Kleinen nicht auf!" Das Bild der verschlingenden Mutter kennt man vor allem im Orient. Ishtar, Kali, Durga heißen all die männerkastrierenden und mordenden Blutgöttinnen. Und auch bei Hänsel und Gretel gibt es noch die verführendgefräßige weiblich-mütterliche Gestalt. Nun sind es heutzutage oft eher die überprotektiven Mütter, die einen ständig umsorgen und überwachen, die in den Therapiestunden Probleme darstellen – nebenbei gesagt. Klein ist entschuldet.

In meinem Buch ‚Der Andere des Wortes und das Andere der Sterne' habe ich mehrfach E. A. Wolfs Buch

‚Die Physik der Träume' erwähnt.[55] Außer reichlich esoterischer Theorien bezieht sich Wolf auf seine luziden Träume, die er mit der psychoanalytischen Auffassung von C. G. Jung abzugleichen versucht, um so höhere Dimensionen der Luzidität zu erreichen. Doch wenn Wolf seinen luziden Traum erzählt, in dem er durch Gegenstände hindurchgreifen kann und dabei bemerkt, dass Kinder ihn beobachten und er dann zu ihnen sagt, ich komme aus einer anderen Welt und kann daher so etwas tun, so kann er in diesem Moment Realität und Traum selbst absolut nicht mehr unterscheiden.

Auch bei Wolf verhält es sich so, dass der Klartraum nicht unlogisch beginnt. Er weiß ganz klar, dass er im luziden Traumzustand ist, wo er durch die virtuellen Gegenstände hindurchgreifen kann, wie dies auch bei der Nutzung von Virtual-Reality-Brillen möglich ist. Auch andere faszinierende Dinge erlebt er, doch in dem Moment, wo er zu den ‚Kindern' spricht, verfällt er einer vollkommenen Irrealität. Denn diese ‚Kinder' werden nicht begeistert nicken und es wundervoll finden, was Wolf ihnen erzählt, denn es handelt sich nicht um reale Kinder, die nachher zu Hause ihrer Mutter erzählen werden, wie Wolf durch die ‚Dinge' hindurchgegriffen hat. In diesem Moment ist es Wolf wie mir mit der Sonne ergangen, er hat vergessen, dass er sich im luziden Traumzustand befand und sich dessen bewusst war.

Die ‚Kinder' waren seine eigenen Projektionen! Warum greift er durch Dinge hindurch, er g r e i f t doch gar

---

[55] Wolf, F.A., Die Physik der Träume, Byblos Verlag (1995)

nicht wirklich? Woher will er wissen, dass es wirklich D i n g e sind, durch die er hindurchgreift, handelt es sich nicht geradezu nur um Schein, Schein-Dinge, reine „Erscheinungen"? Ja, er greift doch obendrein nur zum Schein durch die Dinge, um dies den ‚Kindern' zu zeigen! Das Scheingreifen des Scheinträumers ist eine Verdopplung des Imaginären, und wie will er da je zum Realen kommen? Kann das Hindurchgreifen durch Dinge im Traum – jetzt einmal entsetzlich freudianisch gesagt – nicht vielleicht nur eine Erektion bedeuten? Es geht doch um genau dies: eine selbstständige Substanzverschiebung nach vorne aus sich heraus, scheinbar physikalisch unmöglich.

Verändern die Quantenphysiker – all dies diskutiert Wolf – wirklich durch Beobachtung die „Körperwelt"? Es handelt sich doch nicht um ‚Körper', sondern nur um Spiegelerscheinungen im Konvergenzpunkt der Erregungen im Zwischenhirn, um neuropsychologische Einheiten. Eher handelt es sich um Einheiten, die man – von mir aus – wie Wolf es , auch nach C. G. Jung archetypisch nennen kann. Diese Einheiten ‚verändern' jedoch nur die theoretischen Positionen, sie benennen die Triebkräfte nur mit anderen Namen, an der Körperwelt oder der menschlichen Kognition und Realität ändert sich dadurch überhaupt nichts. Stellen nicht gerade Körper den Makrokosmos, auf den quantenphysikalische Zustände nur dann zutreffen, wenn sie sich in „rätselhafter Weise summieren", wie Quantenphysiker sagen? Erklärt Wolf nicht ein Rätsel durch ein neues Rätsel, indem sich bei ihm die Archetypen auf rätselhafte

Weise summieren (genau einen solchen Vorgang sich überlagernder Summen von mentalen Bildern erwähnt Wolf)?

Auch luzide Träume sind Schäume, sie haben nur Sinn, wenn man sie jemandem erzählt, wenn man sie in ihrer Bedeutungs-, in ihrer *Signifikanten*-Funktion anwendet, weil sie dadurch zum Symbol in der zwischenmenschlichen Kommunikation werden, insbesondere dann, wenn sie auch noch richtig gedeutet werden. Wenn sie also z. B. einem Psychoanalytiker erzählt werden. Ansonsten hat der Traum nur den Sinn der Darstellung einer Wunscherfüllung, der Wunsch wird nur wie erfüllt dargestellt, ist aber nicht eine Wunscherfüllung selbst, wie viele Leute – auch der Autor S. Klein – Freud fehldeutend sagen. Es geht um eine Wunschstrebung zurück zu den verjährten Liebes-*Objekt*en, zum Schauer, zum Kitzel eines primären Genießens der Kindheit oder anderer Bezüge.

Wolf kann nicht erklären, wie andere es anstellen sollen, mit einen „luziden Traum" eine Verbesserung ‚höherer Funktionen' durch Luzidität zu haben, indem diese automatisch zu einem höheren Traum führen soll. Jungs Archetypen sind tatsächlich – wie Lacan sagt – nichts anderes als „das große Tier", als die ganz komplexe Maschine, das große Super-Ich. Dieses Super-Ich verwechselt Wolf mit dem *Subjekt*, das *Subjekt* des Unbewussten ist, *Subjekt* des *Signifikant*en. Denn „Was nennen wir ein *Subjekt*", frägt Lacan? „Genau das, was in der Entwicklung der Objektivierung außerhalb des Objekts ist. Man kann sagen, dass es das Ideal der Wissenschaft ist, das *Objekt* auf das zu reduzieren, was sich in einem Interaktionssystem von Kräften schließen und runden kann. Das *Objekt* ist letzten Endes ein solches nur für die Wissenschaft. Und es gibt immer nur ein einziges *Subjekt* – den Wissenschaftler, der die Gesamtheit betrachtet und hofft, eines Tages alles auf ein determiniertes Spiel von Symbolen zu reduzieren, das sämtliche Interaktionen zwischen Objekten einschließt" – bis hierher geht auch Wolf.

Aber die Sache geht weiter: „Nur, wenn es sich um organisierte Wesen handelt, ist der Wissenschaftler gezwungen, immer mit zu bedenken, dass es ein Handeln gibt. Ein organisiertes Wesen, man kann es sicher als ein *Objekt* ansehen, aber sobald man ihm den Charakter eines Organismus beilegt, erhält man, und sei`s implizit, den Begriff, dass es ein *Subjekt* ist. . . Die subjektive . . Position kann absolut nicht vernachlässigt werden, wenn es sich um ein sprechendes *Subjekt* handelt. Das sprechende *Subjekt*, wir müssen es zwangsläufig als *Subjekt* anerkennen. Und warum? Aus dem einfachen Grund, weil es fähig ist, zu lügen. Das heißt, dass es von dem verschieden ist, was es sagt",[56] dass es also außerhalb jeder sogenannten Objektivierung liegt.

Im luziden wie im echten Traum geht es um eine Rückwärtsbefriedigung, um eine Wiederfindung des Triebs als Ur-Position des Subjekts in Gegenwart (evtl. nur

---

[56] Lacan, J., Freund technische Schriften, Seminar I , Walter (1980) S. 248

imaginärer) der *Objekte*![57] Beide Traumarten sind ein Beweis für die Lockerheit der *Objekt*-Beziehungen und dafür, dass die Luzidität', das *Strahlt*, im Träumer rückwärts läuft bis zu seinem Schnittpunkt mit dem 'Sprechen', dem *Sprich*t. wo es Anerkennung in seiner Urform findet, eine Befriedigung in sich, aber unbewusst, unterwach, nicht wie im Wachzustand nach außen hin bezogen. Diese beiden Befriedigungen, die nach innen und nach außen, darf man nicht wie Wolf verwechseln, sonst kommt eine Verwirrung heraus. Die Analyse will, dass durch einen Rückgriff nach innen das Außen befriedigender wird. *Signifikanter*.

In Wolfs System wird niemandem unterstellt, dass er lügen könnte, weil er das *Spricht* nicht kennt, den Sprechtrieb, das Es *Spricht*, die Echos des Körpers. Das *Strahlt* in der Luzidität ist so stark, dass es das *Spricht*, auch das der eigenen Gedanken im Klar-traum und schon gar das Sprechen zu anderen blendet. Es wird geredet, aber nichts damit gesagt. Das Semem (Betonung auf dem zweiten ‚e‘), die kleinste Einheit des Semantischen, bleibt Null. Die von mir für so wesentlich gehaltene gute, gelungene Kombination des *Strahlt / Spricht* (die gute Objektkonstanz) kommt nur in unbrauchbarer, schlechter Form zustande, auch wenn sie faszinierend und beglückend aussieht.

Nachdem ich so – vorerst einmal – genügend zur Selbstsichtung beigetragen habe, wende ich mit jetzt

---

[57] Lacan, J., Les formations de l'inconscient, Mitschrift des Seminaire Nr. V. vom 16.4.58, B.R.L.F., Strasbourg S. 310

dem zweiten Semen Lacan, J., Seminar XXI, Vortrag vom 23. 4. 1974 zu, dem Gedankenhören. Ich erinnere nochmals daran, dass die gesamte Anreicherung des Textes durch Bilder und durch psychoanalytische oder andere Bezugnahmen nicht wesentlich ist. Ausschlaggebend wird nur sein, dass man verstanden hat und weiß, was mit Selbstsichtung und Gedankenhören gemeint ist. Dass diese beiden Phänomene gleichzusetzen sind dem, was der analytische Therapeut die Primärprozesshaftigkeit des Schau- und Sprechtriebs nennt. Diese Primärvorgänge der Triebe kann man in der psychoanalytischen Behandlung nicht direkt erfahren. Sie werden nur theoretisch eruiert.

In dem Vorgehen mit den *Formel-Worten* wie N O V I S U I D I V I und anderen steht jedoch gerade eine direkte Erfahrung dieser Primärvorgänge im Vordergrund. Allerdings ist die Praxis dieser Erfahrung durch die meditative Übung mit diesen *Formel-Worten* konkretistisch so eingeengt, so dass keine Probleme mit einer Inflation unbewusster Inhalte auftreten können. Wie gesagt kommt die klassische Psychoanalyse nicht an diese primären Vorgänge in der therapeutischen Sitzung heran. Das „freie Assoziieren" ist niemals so frei, dass es in die Tiefen der primärprozesshaften Ereignisse hineingelangen kann. Freud musste zwischen der üblicherweise zu bearbeitenden Verdrängung und der von ihm konzipierten Urverdrängung eine große Kluft lassen, die nicht überbrückt werden kann.

Über Details des von mir inaugurierten Verfahrens der *Analytischen Psychokatharsis* gebe ich in diesem Buch wohl für die meisten Leser nicht ausführlich genug Auskunft. Ich habe aber eine Kurzanleitung im Anhang beschrieben. Diese kann auch über die Webseite >analytic-psychocatharis.com< eingesehen oder auch in der Broschüre ‚Psychoanalyse / Meditation' ausführlicher nachgelesen werden. Die Praxis ist sehr einfach zu verstehen und zu erlernen. Doch die Theorie ist leider aus Gründen der Zuverlässigkeit ebenso notwendig, denn nur wenn man volle Sicherheit über das Verfahren hat, kann man mit ihm arbeiten. Nun weiter zum Gedankenhören.

7. Gedankenhören und toter Signifikant

Nun also zur Hörigkeit und ihrer besonderen Form, dem Gedankenhören. Kurz: Die algorithmische Informationstheorie ist eine Theorie aus der theoretischen Informatik, die in einem gewissen Gegensatz zur klassischen Informationstheorie steht. Der ‚algorithmische Informationswert' kann durch folgendes Beispiel näher erklärt werden:

1000110111100101   1111111100000000

„Während die erste Folge durch Münzwurf als Zufallsgenerator erzeugt wurde, kann die zweite Folge jedoch durch die Anweisung „8x1 dann 8x0" verkürzt werden. Im Sinne der algorithmischen Informationstheorie hat die erste Folge deshalb mehr algorithmische Information, da sie viel schwieriger oder gar nicht verkürzt werden kann. Die algorithmische Information ist umso höher, je weniger eine Zeichenkette (unter anderem durch Datenkompression) komprimiert werden kann. Zufällige Zahlenfolgen und weißes Rauschen enthalten in der Regel keine vorhersagbaren Muster und sind deshalb nicht komprimierbar – der algorithmische Informationsgehalt ist deshalb höher."[58] Es verhält sich also wirklich umgekehrt wie bei der üblichen Information durch Resonanz, also klar hörbare und differenzierte Lautfolgen, während die Redundanz – das gerade zitierte weiße Rauschen wie es aus dem Radio oder Fernseher bekannt ist

---

[58] Algorithmische Informationstheorie – Wikipedia

– die für den Verbraucher zwar nutzlose, dennoch erhöhte algorithmische Information enthält.

Damit kann ich wieder Byung-Chul Han zitieren, der meint, die übliche „Information ist eine pornographische Form des Wissens. Ihr fehlt die Innerlichkeit, die das Wissen auszeichnet".[59] In den siebziger Jahren des letzten Jahrhunderts gab es einen Esoteriker, der aus dem weißen Rauschen von Radioempfängern Stimmen herauszufiltern glaubte, die kurze Sätze sagten.[60] Um andere Zuhörer zu überzeugen, wiederholte er laut die Worte, die er heraushörte. Und tatsächlich, so von ihm animiert konnte man sich dann diesen stimmhaften Sätzen nicht ganz entziehen. Mich erinnerte es allerdings auch an das Geräusch der Autoscheibenwischer, bei denen man – wenn man sich das nur gut genug vorstellte – etwas ständig Wiederholtes heraushören konnte: „bleib daheim", „bleib daheim", oder „wasch die Wand", „wasch die Wand", oder irgend sonst einen Nonsens,

---

[59] Byung-Chul Han, Die Errettung des Schönen, fischer wissenschaft (1916) S. 19

[60] Man muss ihn so nennen, und vielleicht existiert er auch noch heute. Zumindest gibt es zahlreiche Nachfolger, die im weißen Rauschen die wahren Informationen aus dem Jenseits oder fremden Gedankenwelten heraushören wollen. Wissenschaftlich ist dies natürlich nicht zu halten. Dennoch ist der Gedanke nicht schlecht, dass das weiße Rauschen von Informationsmechanismen sich ähnlich verhält wie das Vakuum in der Physik. Dort fangen Materie und Energie nämlich besonders an sich zu regen und Merkmale ihrer von anderer Seite her gesehenen Natur zu zeigen.

der im allerletzten Sinne vielleicht gar kein völliger Nonsens war. Er spiegelte nämlich – oder besser: er echote – etwas vom eigenen Denken wider. Er ließ die zugrundeliegende Hörigkeit, das entstellte Hören der eigenen, unbewussten Gedanken endlich einmal zu Wort kommen. Ich habe ja schon betont, dass die letzte Hörigkeit nur ein Laut, ein Ton ist, Primärvorgang des Verlautungs- bzw. Sprechtriebs.

Es ist nicht schwer einzusehen, dass auch ein *Formel-Wort* wie *N O V I S U I D I V I* einen besonders hohen algorithmischen Informationsgehalt hat, dennoch aber eine ausgesprochen starke Verkürzung erlaubt. Das ist nun eine Besonderheit und Bereicherung für die algorithmische Informationstheorie. Denn sie geht über diese hinaus. Bei den *Formel-Worten* ist deren weißes Rauschen von vornherein auch schwarze Resonanz, denn es stecken ja klare, wenn auch manchmal etwas skurrile Bedeutungen in ihrem Buchstabenkranz. Das Besondere an ihnen sind die Schnittstellen, wie wir sie auch aus der Computertechnik kennen. Für ein meditatives Verfahren sollte, wenn man so sagen darf, das schwarz-weiße Resonanz-Rauschen erhalten bleiben. Denn es ist genauso aufgebaut wie die Psychoanalyse es für die Struktur des Unbewussten postuliert. Damit ist jeder Zusammenhang mit Esoterischen oder telepathischen Gestaltungen ausgeschlossen.[61]

---

[61] Freud hatte allerdings einmal kurzfristig mit der Telepathie geliebäugelt. Sein Bemühen bezog sich jedoch auf Übertra-

Auch die KI steckt in einer ähnlichen Sackgasse. Sie produziert hervorragende Computer, kann komplexe Vorgänge in digitalisierter Form abbilden und versucht gerade mit dem *Human Brain Project* einen Milliarde € für die Simulation des menschlichen Gehirns auszugeben. Doch nicht zu Unrecht gibt es eine große Gegnerschaft. Man wird einer Digitalisierung des Gehirns nicht nahekommen, es ist viel komplexer und in seinen Details noch überhaupt zu wenig erforscht. Wahrscheinlich gibt es d a s Gehirn gar nicht, beim Menschen ist es zu individuell gestaltet und in seiner großen Plastizität ganz personenbezogen geformt. Denn vom Anfang des Lebens an speichert es eigene Erfahrungen und vermittelt so ein persönliches neurologisches Verhaltensprofil. Noch extremer verhält sich eine über dreißig Personen starke Gruppe von Psychoanalytikern und Computerwissenschaftlern in Wien, die zur Zeit daran arbeitet, selbst so komplizierte Geschehnisse wie das Freud'sche Konzept der Psyche (II. Freud'sche Topik, also zum Beispiel in der Form des Zusammenwirkens von Ich, Es und Überich) digital zu simulieren.[62]

Die zum Teil sehr unterschiedlichen Autoren entwickeln ein Theoriemodell der menschlichen Psyche und probieren dann aus, wie dies auf dem Computer funktionieren könnte. Sie glauben, dass mit einer derartigen compu-

---

gungsvorgänge, die sich auch außerhalb der analytischen Sitzung abspielen konnten.
[62] Bruckner, D., Dietrich, D., Simulating the Mind: A technical neuropsychoanalytical Approach, Springer (2009)

tergestützten Animation Psychoanalytiker die Freud'sche Theorie besser verstehen können und dass Computerwissenschaftler auf diese Weise „Maschinen mit human-like intelligence" produzieren können. Ganz in der Ferne winkt die Zukunftsvision eines computergesteuerten Psychoanalytikers, was also noch etwas anspruchsvoller ist, als es die um das *Human Brain Projekt* versammelten Forscher sind. Die Autoren dieser Wiener Gruppe stellen besonders die Funktion sogenannter „innerer" oder „software agents" heraus. Zuvor haben sie herkömmliche informations-verarbeitende Systeme als überholt dargestellt und die neue „emergente KI" favorisiert. Diese „agents" werden nun mit dem psychoanalytischen Theoriemodell beladen, mit Körperhaftigkeit ausgestattet und in eine virtuelle Umgebung gebracht. Verschiedene Sensoren erfassen Inneres und Äußeres und lassen es in die Welt der „Agenten" rekurrieren.

In ersten Stellungnahmen zu dem Buch der Wiener Gruppe schreibt der Wissenschaftsphilosoph G. Doeben-Henisch, dass schon der Top-Down-Ansatz, den die Autoren aus Forschungen über „Künstliche Intelligenz" heraus favorisieren, problematisch ist. Gerade in der Psychoanalyse, wo Erkenntnisse aus den „freien Einfällen" der Patienten gezogen werden, und daher durcheinandergeworfene Sätze, ja sogar verwirrende Träume als Basis dieser Erkenntnis dienen, kann man nicht plötzlich von oben her dem Ganzen ein Konzept aufstülpen. Es ist dennoch verständlich, dass die genannten Computerwissenschaftler sich die Psychoanalytiker als Partner ausgesucht haben. Deren Konzepte erscheinen besonders intelligent. Doch da sie ihnen nicht ganz folgen können, erklären sie, dass sie sich an das halten wollen, was man Neuropsychoanalyse nennt.[63]

Schon der Neurologe A. R. Luria hatte bereits die unterschiedlichen Gehirnstrukturen zu der Freud´schen II. Topik in Beziehung gesetzt. Doch es handelt sich – wie auch bei den neueren Neuropsychoanalytikern – um wenig spezifische Analogien. Die freien Assoziationen des Patienten legen auf jeden Fall ein Bottom-Up Konzept viel näher. „Diese subjektbezogenen Daten können nicht unter ein Paradigma empirischer Messungen subsumiert werden," schreibt Doeben Henisch daher weiter, „das wesentlich für die empirischen Wissenschaften ist. . . . In den letzten Jahren haben wir mehr über die Wichtigkeit subjektbezogener Daten gelernt, insofern sie notwendige erkenntnistheoretische Hinweise für ein tieferes Verständnis empirischer Strukturen sind. Wir haben auch über die Notwendigkeit gelernt, zu versuchen formale Modelle dieser subjektbezogenen Daten zu entwickeln." Doeben-Henisch weist auch darauf hin, dass es besser ist als eine "magische" Umformung nicht-empirischer Daten in empirische Tatsachen, wie es die Wiener Psychoanalyse-Automatisierer tun.

---

[63] Dietrich, D., Bruckner, D., Psychoanalytic Model for Automation and Robotics. Abstract unter der gleichnamigen Webadresse.

Es gelingt also mit den psychologischen Neurowissenschaften genauso wenig wie mit der algorithmischen Informationstheorie den Bogen von den Naturwissenschaften zu den Geisteswissenschaften, von der Psychoanalyse zur digitalen Hardware zu spannen. Psyche und Computer treffen sich vielleicht in mathematischen Bereichen, doch die sind wieder so lebensfremd, dass sie nicht für das notleidende Subjekt taugen. Das oben kreisgeschriebene Modell von N O V I S U I D I V I ist ja nur eine besonders kompakte, enge, konkrete Stütze für den rein subjektbezogenen Vorgang der Selbstanalyse und lässt so eine Einschreibung in klassische aber auch modernste Formen von Informationstheorien oder Computersimulationen nicht zu. Dafür steht das Subjekt Mensch im Vordergrund, und als solches kann es nur durch seine eigenen Äußerungen erfasst werden und sich damit selbst helfen. Ich habe bereits betont, wie im Rahmen einer Psychoanalyse dadurch Hilfe möglich ist, indem man das menschliche Subjekt selbst auffordert, alles zu sagen, was ihm so in den Sinn kommt, auch Peinliches, Blödes, Unzusammenhängendes. Das ist die Grundregel.

Doch gewisse, sehr gut verdrängte Inhalte kommen einem nicht in den Sinn. Die Festlegung und Übermittlung der Grundregel selbst ist schon ein gewisser manipulativer Eingriff, ohne den das Subjekt vielleicht viel eher etwas äußern würde, was für die Analyse wichtig wäre. Der Psychoanalytiker muss sodann Deutungen des vom Patienten möglichst spontan Gesagten geben und so sein Gegenüber auf Umwege zum Ziel zu bringen. Auch stören Vorgänge wie Gegenübertragung des Therapeuten, dessen Tonfall und andere Aspekte seiner realen Gegenwart den therapeutischen Prozess. Natürlich kann das Unbewusste, obwohl es „wie eine Sprache strukturiert ist" wie Lacan stets bemerkte, nicht selber und direkt Druckreifes zur Aussage bringen. Aber man kann es anders als wie durch die meist nie ganz so „freien Assoziationen" gewünscht zur Äußerung bringen.

Statt der Grundregel kann man dem Subjekt den „linguistischen Kristall" des oder der *Formel-Worte* geben, wodurch es viel einfacher dazu gebracht werden kann, das Unbewusste sprechen zu lassen. Es drückt sich dann zwar nicht grammatikalisch, syntaktisch und linear denkend aus, greift aber doch auf die Wurzeln der unbewussten Sprechmöglichkeiten zu. Wie schon erwähnt sind die ersten Laute, die ein Mensch hervorbringt, Identitätslaute. Sie sind nicht Namen für Dinge, Bezeichnungen, sondern *Signifikanten*, Subjektzeichen. Das Kind, das ein erstes ma oder mama hervorbringt, meint nicht die Person seiner Mutter, sondern eher deren Brust, die es stillt, oder deren Augenpunkte, in die es sich versenken kann. Zudem meint es sich selbst, denn es kann sich von Brust, von Stillung und vom Auge, von der Selbstsichtung seines ersten Bezugsobjektes nicht ganz differenzieren.

Doch mit dem Kürzel ma oder mama kann es der Selbstsichtung auch einen Namen geben. Die Stillung ist nicht so sehr eine des Hungers, sondern vielmehr eine der Hörigkeit, des Anspruchs, dem mit dem mama zumindest ansatzweise ganz gut entsprochen werden kann. Deswegen hängt die Brust mit dem Laut zusammen, diesem ersten symbolischen Objekt, wie die Psychoanalytiker sagen. Beim Stillen wird der Laut des Anspruchs ruhig, still eben. In diesem Knoten von Laut und Sichtung kann man also den „linguistischen Kristall" sehen und – was seine Linguistik angeht – auch sprechen und hören. Im Laufe des Lebens wird aus ihm ein Knäuel von Objektebildern und Wortgeräuschen werden, die sich zu dem entwickeln und verdichten, was man eine eigenständige Person, ja Persönlichkeit nennen kann. Jemand der sein Wort macht, sein *Spricht*, aber auch als das Erscheint, *Strahlt*, was er ist. Vielleicht haben sich diese beiden Grundelemente aber so unvorteilhaft verwickelt, dass man Hilfe braucht, eine Therapie benötigt oder auch nur eine umfassende Orientierung. Dann genügt es natürlich nicht mehr eine Kinderzeichnung oder ein Kinderlied vorzuhalten. Auch viele der guten Ratschläge und der hunderttausend Therapien sind zu wenig fundiert. Dann muss etwas Komplexeres und Differenzierteres her, weshalb ich nochmals kurz zu Freuds Begriff von der „Vorstellungsrepräsentanz" etwas sagen möchte, denn diese gibt es ja auch hinsichtlich des Wort-Wirklichen.

Die ‚Ultrareduziertheit' und Rundung unbewusster Artikulationen, die also nur ‚Laut' sind, Ausruf, Stöhnen, passen zu der wort-wirklichen „Vorstellungsrepräsentanz". Sie haben bei Lacan folgenden Grund: nicht nur war die Erde am Anfang wüst und leer, wie es in der Bibel steht, sondern es herrschte auch ein eigenartiges Stillschweigen vor. Doch je länger dies dauert und je stiller es ist, lässt es eine Lautwahrnehmung auftauchen, die leise anfangend sich bis zum Dröhnen steigern kann. Lacan fasst dieses Stillschweigen in geometrische Begriffe: je länger es sich ausdehnt, meint er, windet es sich zu topologischen Formen, die eben schließlich etwas laut werden lassen.

Lacan nennt eine „ultrareduzierte Phrase" daher das, was schließlich zustande kommt, wenn das Stillschweigen zu lange anhält und das Irgendetwas, das ja stets irgendwo auch im Unbewussten da ist, sich – als unbewusster Anspruch – zu artikulieren sucht. Lacan zitiert hierzu eine Geschichte Dostojewskis. Dieser hatte einst in Moskau eine Gruppe völlig betrunkener Studenten beobachtet, die heftigst über universelle, kosmologische Fragen diskutierten. Schließlich stieß einer niederschmetternd das Wort „Merde" aus (ich verwende hier das französische Wort, wie es Lacan bringt, in Wirklichkeit war es natürlich russisch). Dieses vernichtende „Merde" veranlasste jedoch einen Zweiten zu einem fragenden „Merde"? worauf jedoch ein Dritter Augen und Hände zum Himmel erhob und ein flehentlich bittendes „Merde" ausrief. Fast schon ernüchternd stammelte zuletzt ein Vierter nur noch ein „Merde", „Merde", „Merde" . . . vor sich hin.

Kurz: der durch den Alkohol nur noch zur Fäkalsprache fähige und bis zur „ultra-reduzierten Phrase" des „Merde" gehende Austausch der Studenten untereinander, hatte dennoch eine gewisse und vielleicht sogar gesteigerte Signifikanz. Die ganze elaborierte Diskussion hatte nichts gebracht, aber Verfluchen, Fragen und Flehen führte nun zum irdisch gebundenen Stammeln über die Universalien und die Kosmologie. Knapp und präzise, zwar mit negativem, aber doch kompakten Ergebnis, und ich könnte hinzufügen: bis zur „ultrareduzierten Phrase", bis zur totalen Rundung eines minimalen Satzes, bis hin zu „Merde" und anderen Kompaktifizierungen, für die ich noch Beispiele bringen werde. Auch der „linguistische Kristall" von *N O V I S U I D I V I* passt zum Beispiel hierher.

Beim Üben mit diesen *Formel-Worten* kommt es also oft dazu, dass sie im Unbewussten genau ihrer Struktur entsprechende Formulierungen auslösen, die ich *Pass-Worte* nenne. Das *Pass-Wort* stillt den Anspruch auf seine Weise, nämlich relativ direkt. Das Unbewusste kann nicht – wie ich erwähnte – selbst druckreif reden, aber es kann sich sprachartig ausdrücken. Es kann sich hieroglyphisch, es kann sich logisch, wenn auch scheinbar rätselhaft logisch ausdrücken. Denn das Ganze spielt sich zwischen Vorbewusstem (mehr worthaft) und Unbewusstem (mehr bildhaft) ab. „Das Vorbewusste begegnet den Worten da, wo es sie nicht kontrolliert! Von woher kommen sie ihm zu? Exakt vom Unbewussten, wo sie verdrängt parat liegen."[64] Und weiter: „Das Unbewusste ist strukturiert wie der Diskurs des *Anderen* . . es ist strukturiert wie eine Sprache . . der Pleonasmus ist notwendig, denn die Sprache ist Struktur."

Erinnern die unkontrollierten Worte nicht genau an das kreisgeschriebene Bild-Wort N O V I S U I D I V I ? Man hat keine Kontrolle über den Sinn dieser Formulierung. Und doch besteht diese aus klaren sprachlichen Formulierungen. Dass das Unbewusste wie eine Sprache strukturiert ist, die wiederum selbst die Struktur abgibt, kann also nur heißen, dass es sich um so eine formel-wort-artige Struktur handelt, die die Selbstsichtung mit den Wortklängen in idealer, gelungener Weise verbindet. Und es ist dann auch klar, übt man eine derartige Formulierung, wird diese an dieser oben genannten Begegnungsstelle eben wieder solche Formulierungen anstoßen. Ein Beispiel: Eine Frau, die damit schon seit einiger Zeit übte und auch bei mir in analytischer Psychotherapie war, kam der Gedanke, dass ihr ganzes Leben doch nur ein Theaterstück war. Sie wollte noch sagen: ein Theaterstück, in dem sie keine Rolle spielte, als sie ein bisschen in Versunkenheit geriet und sich denken hörte: „in der X. Anderson die Hauptrolle spielte".

Der Ausdruck „in der X. Anderson die Hauptrolle spielte" klang meiner Patientin wie ein Schablonengedanke, ein Gerede vom X-Beliebigen, ja gar ein fast verhöhnender Vorwurf: „die geht mit jedem x-beliebigen ande-

---

[64] Lacan, J., Autres Ecrítes, Ed Seuil (2001) S. 222

ren ins Bett". So etwas wehrte sie heftig ab, gab aber zu, es so ähnlich schon geträumt zu haben. Nun bedeuteten all diese Einfälle jedoch genau das Gegenteil des von ihr eigentlich schon oft gedachten „dass sie keine Hauptrolle spielte". Die Patientin warf sich vor, dass sie immer die gleiche war, einfühlsam, korrekt, bescheiden, fleißig, etc. Zudem: es hätte gar nichts genützt, wenn jemand zu ihr gesagt hätte, sie solle doch nicht immer die gleiche sein, die gleiche Rolle spielen, sondern einmal eine andere Rolle übernehmen, vielleicht wo ‚anders' die Hauptrolle.

Welche andere Rolle? hätte sie gesagt. Aber weil es aus ihrem eigensten Inneren kam, war die Botschaft viel eindrucksvoller. Und dass ihr dabei auch das Wesen des *Anderen*, die Theorie dieses *Anderen* authentisch aufgegangen war, kam noch als therapeutischer Effekt hinzu. Denn es war ja wirklich so gewesen, dass sie es anscheinend gar nicht selbst gedacht, und doch auch selbst als Eigenes-*Anderes* vernommen hatte. Es waren nicht die Gedanken eines fremden, ganz außerhalb stehenden Anderen, wie es vielleicht in Halluzinationen der Fall ist (indem hier das Wesen des Lacanschen *Anderen* keine Funktion hat). Vielleicht war es ein bisschen Ich als *Anderer*, wie es A. Rimbaud schon gedichtet hatte, als er schrieb „Ich i s t ein *Anderer*" (er hat nicht geschrieben „Ich bin ein *Anderer*", was psychotisch geklungen hätte).

All dies hieß freilich nicht, dass sie sofort die *Andere* spielte, die sie nun sein sollte oder wollte. Aber das

Pass-Wort vom x-beliebig *Anderen*, von der Hauptrolle, die man wohl nur als Anders-Seiender bekommt, gab ihr keine Ruhe. Immer wieder gelang ihr ein kleiner Coup, so zu sein, wie sie eben vielleicht auch mal sein sollte: ungewohnt, differenzierter, anders eben. Denn nur als x-beliebig Anderer kann man die Hauptrolle haben, d. h. der oder die spielt sie schon die ganze Zeit, vielleicht ging es ja auch um ihren Mann. Er spielte immer die Hauptrolle, sie war die X-Beliebige! So intensiv kann Gedankenhören sich auswirken. Man muss es allerdings immer mal rational nach bearbeiten und wieder durch Übungen anregen. Von alleine kommt es nur selten zustande bzw. nur in der Form, die ich bereits als die des nicht pathologischen Stimmenhörens zitiert habe.

Manchmal fällt auch das Gedankenhören so aus, als sei es eine Stimme. Das ist nicht selten. Doch fast immer ist dabei auch klar, dass es sich um die eigene Stimme handelt. Es ist, als spräche man zu sich. Zu sich in Versunkenheit, ja, genau in der oben zitierten Unkontrolliertheit. Die *Signifikanten*-Stücke sind wie im Kreis geschrieben, drehen sich umeinander, und stößt man sie mit anderen Stücken an, geben sie gerade das heraus, was ihnen in der ihnen eigenen Logik passt. Die Wissenschaft versucht zwar sich „einer aller Referenz auf eine Stimme beraubten Sprache" zu bedienen,[65] doch dies gelingt ihr nie ganz, weshalb die Psychoanalyse

---

[65] Lacan, J., Seminar I, S. 332

mehr der „Stimme des Objekts" selber traut, insofern sie sich in Versprechern, Träumen, Symptomen und Fehlleistungen kund tut. Ich will sie jedoch direkt sprechen lassen in dem „idealen Objekt" der schon angekündigten *Formel-Worte.*

Diese sind ja in einer aller Referenz auf eine Stimme beraubten Ausdrucksweise geschrieben. Und wenn sie rein mental wiederholt werden, kann man nicht von Stimme reden, es sei denn man bezeichnet das mentale Üben als eines, das mit der „Zunge – oder Stimme – der Gedanken" vor sich geht. Wie betont findet das Gedankenhören meist nicht so statt, dass man eine – evtl. sogar die eigene – Stimme hört. Doch es ist sicher nicht falsch an etwas Stimmbezogenes zu erinnern. Wir reden ja auch von der Stimme des Volkes oder der Stimme des Herrn. Diese Stimmen sind deutlich, und doch sind sie nicht physisch, sie haben keine Akustik. Dennoch sind sie sehr stark, denn sie können wiedererinnert werden.

Der tote *Signifikant*

Alle gehen sie ständig ins Kino, in die Oper, ins Theater oder ins Konzert und treffen sich mit Freunden, und machen Sport und beschäftigen sich auch mal mit den Enkelkindern, weil das besonders gut ankommt. Sie lesen auch viel, diskutieren, gehen schon mal zu einem Vortragsabend oder in Ausstellungen, sind in Literaturkreisen und bei Kunstführungen, und sie reisen viel und essen gut. Sie können fast alles und wissen auch fast alles, aber ich kann an all dem nichts mehr finden oder kaum noch. Sie sind nämlich die Kulturgentrifizierer, zu denen auch ich immer gehörte und wahrscheinlich auch jetzt noch nicht ganz davon befreit bin. G. Paoli schreibt diesbezüglich über das,[66] was schon S. Freud vor hundert Jahren das „Unbehagen i n der Kultur" nannte.

Genau dies meint nun auch G. Paoli, der Ende der Sechziger Jahre den Club der ‚Glücklichen Arbeitslosen' gründete. Er greift den Begriff Gentrifizierung auf, mit dem man die Inbesitznahme und Veränderung ganzer Stadtviertel bezeichnete, um ihn auf die Kultur anzuwenden. Genauso wie die neuen Reichen, die sich die hübschen Wohnungen in den originellen Altstadtvierteln kaufen und dann das ganze Areal mit ihrem unsentimentalen, materialistischen und antisozialen Lebensstil überziehen, so bestehen die Kulturgentrifizierer aus all die glatten Bildungsbürger, ja auch die wundervoll echten Wutbürger, die politisch so versierten Allesversteher, die überall zu Hause sind und bei Baguette, Käse und Rotwein über jeden etwas zu sagen haben, und zudem das tun, was ich vorhin beschrieben habe. Ohne es zu merken gentrifizieren diese Leute die Art des menschlichen Zusammenseins, die Sozialkultur, die Weisen des Diskutierens und Sich Unterhaltens.

Sie bestimmen die Sitten und Gebräuche ohne ihre Stimme dabei auch nur einmal erheben zu müssen. Sie sind einfach so vorbild- und beispielhaft, so integer

---

[66] Paoli, G., Die lange Nacht der Metamorphosen. Über die Gentrifizierung der Kultur, Matthes & Seitz (2017)

normal und doch auch ständig ganz fein global verortet. Uns geht es ja so gut, wir haben alles, wir leben nur ganz einfach unser Leben. Uns wird es eines Tages so gehen wie P. Neruda, der eitel sagen konnte: ‚ich bekenne, ich habe gelebt‘, wobei er nichts darüber verlauten ließ, wie viele Frauen er unglücklich gemacht, wie viel Alkohol er getrunken, wie viele Zigaretten er geraucht, wie viele Intrigen er gesponnen und wie viel er in seinen Ämtern und Büchern gelogen hatte.

Ach ja, ich kann einfach nirgendwo mehr ein Ideal, eine große Persönlichkeit oder ein fundamental weises Werk erkennen. Ich lebe in der üblichen ‚depressiven Position‘ Melanie Kleins, also alltagstauglich ohne wirklich depressiv zu sein und versuche einfach alles auszuhalten, was irgendwie kommt. Dies erscheint mir noch das Erträglichste zu sein, weil ich damit bei mir bleiben und mir selbst zuhören kann. Warum dauernd in andere Länder fahren, wenn man das eigene Land in sich selbst nicht kennt? Warum alles konsumieren, wenn dadurch die Welt nur mehr und mehr ausgebeutet und leer wird. Warum die guten Gewohnheiten aufgeben, wenn andere ihre schlechten nicht lassen? Freilich kann ich schreiben und mir dadurch alles vom Leibe halten. Und ich kann selbstgenießerisch leben, nicht Ich- oder Überich frönend, nicht überaltruistisch, aber in „einer Liebe zu mir selbst, die glücklich macht" wie es die Psychoanalytikerin M. Mitscherlich in ihrem letzten Buch ausdrückte. Autochthon genießend.

Wie gesagt hatte dies Freud auch schon erkannt und speziell auf die sich anbahnende Psychoanalytiker-Kultur bezogen. Nicht um Unbehagen a n der Kultur, sondern mitten in ihr sollte es gehen. Freud meinte damit, dass es unerträglich wird, wenn die Kultur sich selbst zu sehr betont, wenn sie zu kultürlich wird, zu künstlich, zu gemacht, zu stilisiert. Wenn die Triebkräfte nicht mehr frei und kreativ nach oben kommen und dies nicht durch Unterdrückung geschieht, sondern durch positive, ach so gebildete und gelungene positive Beispiele wie es eben auch schon die nächste Psychoanalytiker Generation praktizierte.

Umso schlimmer war es in der dritten Generation der analytischen Therapeuten, bei denen ich in den siebziger Jahren des letzten Jahrhunderts in Ausbildung war. Alle waren sie nette, gescheite, allgemeingebildete und freudianisch fachgerecht orientierte Leute. Erst später habe ich realisiert, dass sie auch entsetzlich bieder, schulmeisterlich und manchmal auch recht spießig waren. Ohne es also richtig benennen zu können, war ich so unzufrieden und unglücklich gewesen, dass ich mich nach dem ersten Ausbildungsjahr einem Meditationsverfahren zuwandte. Schon bald warnten mich einige Ausbildungskollegen und Ausbilder im Institut davor, Meditation und Psychoanalyse nebeneinander her zu betreiben.

Das könne nicht gut gehen, sagten sie, weil die Zugangswege diametral verschieden seien. Doch ich argumentierte, dass es ja um den gleichen Menschen und sein im letzten Sinne ja auch gleichartiges Unbewusstes geht, und so müsste man ja Parallelen aufspüren, bezeichnen und damit arbeiten können. Das Problem zu vielschichtiger und scheinbar sich widersprechender Zugangswege gab es ja auch in der psychoanalytischen Ausbildung selbst. Es gab schon damals verschiedene Schulrichtungen, und die Ausbildungsdozenten wiesen einen immer wieder darauf hin, dass man nicht zu viel über Psychoanalyse lesen sollte, so lange man in Ausbildung und vor allem in der Lehranalyse war.

Ja, am besten sollte man gar nichts darüber lesen. Man wollte vermeiden, dass die Ausbildungskandidaten in der Lehranalyse aber auch in den Seminaren ständig Widerstand gegen ihr spontan Unbewusstes aufbauten, indem sie abstrakt theoretisch bereits alles wussten und so über alles hinwegreden konnten. Zu dieser Zeit gab es natürlich schon jede Menge an analytischer Literatur auch über die verschiedenen Schulrichtungen, und die Weisungen nichts zu lesen waren so zwar verständlich, aber auch irgendwie restriktiv. So haben wir damals alle nicht nur Freud, sondern auch Bücher anderer neuerer Psychoanalytiker studiert. Darunter war nicht nur C. G. Jung, der durch seine umfassende Bildung und metaphysische Betrachtungsweise bestach. Darunter waren auch Riemann, Mitscherlich und viele andere Psychoanalytiker sowie später dann auch noch J. Lacan. Und natürlich redeten wir gescheit daher.

Doch heute ist man schon wieder weiter. Nicht nur mit psychoanalytischer Literatur, auch über Neuro- und

Kognitionswissenschaft, über Fortschritte in der Digitalisierung, Computertechnik, sozialen Medien und vielen anderen Disziplinen wird geschrieben und gearbeitet. Nicht nur die Bibliotheken füllen sich mit all diesen Neuheiten, auch die immensen Festplatten der Rechner, die gespeicherten Daten in den Clouds, das Anwachsen der Künstlichen Intelligenz usw. lassen es völlig absurd erscheinen, solch ein Buch wie ich es hier schreibe, zu veröffentlichen. Aber sind wir alle nicht auch schon wieder die Gentrifizierer der Wissenschaftskulturen geworden? Ja, sind wir.

Und so kann sich niemand mehr mit dem eigentlichen Wesen in sich selbst, mit dem ihn kennzeichnenden ‚Eigennamen' identifizieren. Keiner kann mehr eine wirklich ausgereifte Persönlichkeit in sich entwickeln. Und auch darüber existieren schon wieder genug Verbreitungen in allen Kanälen, Vorträge, YouTube-Seminare etc. „Aus dem Daten-Haufen wie Big Data lassen sich zwar nützliche Informationen herausdestillieren, aber sie generieren weder Erkenntnis noch Wahrheit".[67] Geht doch erst einmal in euch hinein, zerschlagt Google und Facebook, fangt an in euch hineinzusehen und zu hören.

---

[67] Byung-Chul Han, Die Errettung des Schönen (2016) S. 71

8. Kandels Pixelästhetik ...

Ich stelle zwei Nobelpreisträger vor, um zu demonstrieren, wie das Wort-Wirkende, Phonem, *Spricht* und das Bild-Wirkende, Pixel, *Strahlt* in allen Lebenslagen nachweisbar sind und zu was sie führen können, wenn sie in besonderer und verschiedener Weise kombiniert werden. Eric Kandel ist sicher einer unserer größten Wissenschaftler. Er ist Nobelpreisträger, Mediziner, Biologe, Hirn- und Gedächtnisforscher und schrieb ein Buch über ‚Neuroästhetik'.[68] Er versucht nicht nur einen umfassenden Einblick in seine Arbeit zu geben, sondern noch darüber hinaus eine Überschau und neue Theoretisierung des Freud´schen Unbewussten zu vermitteln. Immer wieder kommt er auf Freud zurück, der den Grundstein zu diesen Wissenschaften gelegt hat und auch Zusammenhänge mit der Kunst diskutiert hat. Doch man hat von Anfang an das Gefühl, dass Kandel die Freud´sche Psychoanalyse, aber auch die Psychoanalyse im Allgemeinen nicht ganz verstanden hat.

Dazu ein Ausflug zu Freud, der im Jahr 1911 in Südtirol am Ritten weilte, um seine silberne Hochzeit zu begehen und über den Ursprung der Religion nachzudenken. Bekanntlich war das Ergebnis der Gedanke, dass die Religion aus dem Mord am Vater und der diesbe-

---

[68] Kandel, E., Das Zeitalter der Erkenntnis, Die Erforschung des Unbewussten in Kunst, Geist und Gehirn von der Wiener Moderne bis heute, Pantheon (2014)

züglichen posthumen Schuldgefühle entstanden ist, indem man dann diesen toten Vater zu einem Gott erhob. Natürlich genügte es auch, wenn man den Vater so richtig missachtet hatte und nach seinem Tod in Angst- und Schuldgedanken verfiel. Doch gab es für die Entstehung der Religion auch andere Motive. Schließlich sind die ersten Religionen ja aus einem allgemeinen Animismus entstanden. Man hielt alles für belebt, manches war furchterregend, manches positiv inspirierend. Eine derartige Auffassung würde sich – psychologisch gesehen – mehr auf die Mutter beziehen, die – so würde man es psychoanalytisch erklären – für das Kleinkind noch ein unkontrolliertes Überich darstellt. Noch hat der vater (den ich hier jetzt absichtlich klein schreibe) in diese allumfassende belebte Mutterwelt nicht so hineingewirkt, dass er ein verlässliches Stabilitätsmoment in diesen Animismus und in dieses unkontrollierte Überich (das mehr der Pixel-Ordnung angehört) eingebracht hätte.

Erst ein durch das Leben erfahrener und durch Sprachelemente sich etwas differenzierter ausdrückender Vater (der mehr, und natürlich ebenso einseitig, einer Phonem-Ordnung angehört) konnte ein strenger geordnetes Überich bewirken.[69] Dieses war also, wie man

---

[69] Dieses Überich kann selbstverständlich auch durch die Mutter und andere Bezugspersonen vermittelt sein, aber dann übernehmen diese Personen eben Vaterfunktion. Hier wird am deutlichsten, was mit der Kombination von *Signifikanten*, mit der symbolischen Ordnung, gemeint ist. Sie be-

heute ja noch an psychisch Kranken oft sehen kann, zwar kontrollierter, aber auch sehr streng und rigide, und so ähnlich verhielten sich ja auch die ersten Götter. Sie waren zwar fixe Größen, aber oft hart und willkürlich. Ob man also Mord und Schuldkomplexe gegenüber der Vaterfigur oder wechselnde Zustände, mal hypomanisch, mal grausam vernichtend in Bezug auf die Mutterfigur (Ishtar, Kali, Kybele, Rachegöttinnen etc.) annimmt, ist eigentlich egal. Die Mutter- und Vaterfiguren nehmen durch die Vergöttlichung zwar ein Stabilitätsmoment an, das aber dann nur schlecht und recht dem gesellschaftlichen Leben einen zeitweiligen Inhalt gibt.

So ist es auch noch heute. Unsere Götter sind jedoch nicht mehr kulturbildende Götter und Heilige, die kontrolliert aber tot oder unkontrolliert lebendig sind, sondern Wissenschaftler, die uns weiterbringen aber auch zurückwerfen können. Denn so wie Gott keine Garantie dafür war, dass das Leben friedlich verlief, so machen auch Wissenschaftler Fehler und biedern sich bei der Industrie oder den Finanzmaklern an. Und so wie es früher schwierig war sich gegen Gott und seine heiligen Vertreter zur Wehr zu setzen oder ihnen gerecht zu werden, verhält es sich eben heute mit den Wissen-

---

steht nicht in einer totalen Vertauschungsmöglichkeit. Der „unscharfe Begriff" (auch eine Bezeichnung für *Signifikant*), der *Signifikant* Vater also, steht einfach etwas mehr dem *Spricht* nahe, der *Signifikant* Mutter dem *Strahlt*. Das lässt sich nicht einfach auch völlig umgekehrt so sagen.

schaftlern. E. Kandel kritisiert Freud insbesondere dahingehend, dass dieser von der weiblichen Sexualität nichts gewusst hätte und erklärt jetzt diesbezüglich seine definitive Sicht auf die Dinge.

Kandel beschäftigt sich in dem erwähnten Buch nämlich vorwiegend mit den Künstlern Klimt, Schiele und Kokoschka, die die weibliche Erotik offen, ja geradezu provozierend gezeigt haben, während er Freud zitiert, für den das weibliche Sexuelle ein „dunkler Kontinent" geblieben ist. Die Bilder der genannten Künstler, die oft masturbierende oder entstellte weibliche Akte zeigen, würden laut Kandel doch demonstrieren, dass die Frauen den Männern in der Erotik nicht nachstehen und oft die gleichen Phantasien haben. Mit anderen Worten: sie stimmen in ihrer Pixel-Natur alle überein. Doch Freuds Auffassung war Folgende: Es gibt nur eine Libido, nur eine Art der erotischen Lust, die Freud als aktiv und ein ganz klein bisschen mehr männlich charakterisierte. In der von mir schon zitierten „phallischen Phase" so um das 4., 5. Lebensjahr herum, würden Mädchen wie Knaben zwar die gleichen Gefühle und Einstellungen für das ‚Sexuelle' erfahren, das ich erneut in Anführungszeichen setze, denn es handelt sich, wie ich erwähnte, mehr um eine beginnende Angeberei und noch infantilen Sexualstolz. Erst später, in der „genitalen Phase" der Pubertät würden sich dann Unterschiede für Jungen und Mädchen entwickeln.

Der Begriff „phallisch" ist zweifellos eine Phonem-Pixel-Kombination, die für die Freud'sche Psychoanalyse wichtig war. Sie verweist auf die rätselhafte Tumeszenz dieses männlichen Organs (aufgetürmte Pixel), das Mächtigkeit, Potenz und eine Art powervolle Wortspiele (gesteigerte Phoneme) vermittelt. So war es Freuds Auffassung, dass sich bei den Frauen eigentlich etwas Vergleichbares und doch auch ganz eigen Weibliches und damit Anderes finden lassen müsse. Es müsse versteckt hinter dem mehr aktiven und männlichen Sexuellen etwas typisch Weibliches geben, das inzwischen viele Psychoanalytiker mehr und mehr herausgearbeitet haben. Die Freud´schen Vorgaben eigneten sich nämlich nicht perfekt für eine Übertragung ins Weibliche. Man sprach dann einfach von passiver statt aktiver Libido.

Lacan hat daher gerade aus den Frühformen der libidinösen Entwicklung eine Lustform spezifisch als „weibliches Genießen" (jouissance feminine) herausgestellt, weil für die zu titulierende Form weiblicher Erotik Worte wie sexuell und aktiv erobernd gar nicht mehr passend sind. Es verhält sich vielmehr so, dass die Frauen dieses ihnen eigene Genießen nicht so richtig schätzen, nicht effektvoll werten und entwickeln, dass es also irgendwie abgespalten bleibt, und die Frauen sich eben an das mehr als männlich zu Bestimmende anlehnen. Die englische Psychoanalytikerin J. Reviere sprach von der Maskerade als etwas typisch Weiblichem, indem die Frauen sich damit vor dem Männlichen etwas verstecken können, wenn sie eben das eigentliche Weibliche, die ‚jouissance' nicht finden, aber damit doch eine Identität haben.

Doch wenn die männliche Identität in aufgetürmten Pixeln besteht, die sich dann das Phonem des eigentlichen Erotischen anmaßt, müssten die Frauen noch bessere Phoneme zuordnen, als es die Maskerade ist. Mit der ‚jouissance' würde das schon gehen, nur wäre es dann wahrscheinlich wichtig, dass auch die Männer etwas davon verstehen, denn die ‚jouissance' wird von der männlichen Seite her noch mehr verkannt, als es die Frauen selbst schon tun. Wenn Lacan sagt, dass das Geschlechtsverhältnis, die Geschlechtsbeziehung, nicht existiert, so deswegen, weil sie keine gelungene, reife, perfekte Phonem / Pixel-Kombination erreicht, weder beim Mann noch bei der Frau. Genau hier liegt auch das Verkennen von E. Kandel in seinem neuen Buch.

Zur Verdeutlichung ein Schema Lacans. Das männliche Subjekt ist gespalten (geschrieben als $\not{S}$), sagte er, denn es besteht auch noch aus der Identität mit dem ‚Phallischen', gezeichnet mit dem griechischen Buchstaben Φ (Phi), dem Symbol der Begehrenskraft, dessen Strebungen richten sich auf das in der Frau gefundene Begehrensobjekt, das Lacan mit kleinem a schreibt, weil – wie ich schon erörtert habe – es zwar anderes ist, aber doch auf der reinen, pixelhaften, libidinösen Ebene liegt, während groß A, der/das wirklich und total *Andere* der Ort der symbolischen Ordnung ist, Ort des *Spricht*, und hier somit auch Ort der „sexuellen Wahrheit" und ihres Wort-Wirkenden.

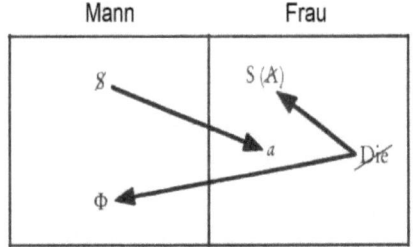

Abb. 5 Schema der Beziehungen von Mann und Frau (des weiblichen und männlichen Signifikanten).

Wo das ‚Der' des Mannes noch verständlich ist, weil hier – im libidinösen Bereich – jeder Mann doch irgendwie gleich ‚Mann' (Manns genug) ist, also hauptsächlich Phonem für nur ein paar aufgetürmte Pixel ist, ist das ‚Die' der Frau nicht so universalierend zu verwenden (weil vielschichtig, unterschiedlicher und hauptsächlich aus vielen Pixeln gemacht), und daher das D̶i̶e̶ quergestrichen werden muss. Die Strebung der Frau richtet sich zwar auf die scheinbare Mächtigkeit des Mannes in Φ, schließt sich aber auch in ihr selbst zum Kreis, ausgedrückt mit dem S ($\cancel{A}$). Als Subjekt ist sie nicht so gespalten wie der Mann, sie hängt zwar auch am **A**, diesem wichtigen *Anderen* der Bedeutungsgebung, jedoch nur in gebrochener und deswegen schräggestrichener Form. Sie glaubt eben, dass sie dies durch die Anlehnung an Φ und S ausgleichen kann, so wie der Mann glaubt, seine autoerotische Selbstliebe im Gebrauch von a befriedigen zu können. Der Mann findet die „sexuelle Wahrheit" nur durch die Frau, doch die Frau sagt sie ihm nicht, da sie ihr ureigenstes, ihr spezifisch originäres Genießen nicht so schätzt oder nicht so definitiv weiß.

Kandel schwelgt nun in der weiblichen Erotik, die in seiner Darstellung aber nichts anderes als ein männliches Sexuelles ist, Φ pur. Doch er hat Freud nicht nur diesbezüglich falsch interpretiert. Gerade auch auf dem Gebiet des Gedächtnisses, auf dem er doch so erfolgreich gearbeitet hat, macht er einen entscheidenden Fehler. Kandel hat bei der Aplysia-Schnecke biologische Formen des Gedächtnisses entdeckt und sogar nachgewiesen, wie kurzfristige und langlebige Gedächtnisformen sich biologisch unterscheiden. Auch unterscheidet er im Einklang mit anderen Neurowissenschaftlern und Kognitionsforschern das implizite, unbewusstere vom expliziten, besser zugänglich und erinnerbarem Gedächtnis.

Doch selbst wenn man diese Unterscheidung für das Freud'sche Konzept so beibehält, weiß Kandel nicht, dass das Gedächtnis bei Freud nichts mit Biologie zu tun hat. Bei Freud ist es so, dass das, was am besten im Gedächtnis gespeichert ist, am schlechtesten erinnert werden kann. Es handelt sich bei Freud nicht um neuro-biologische Vorgänge, sondern um seelische Abwehrmechanismen wie etwa Verdrängung und Spaltung, die Affekte und Bedeutungen ständig so sehr wegschieben und unterdrücken, dass sie möglichst nie mehr ins Bewusstsein treten können sollen, obwohl sie gerade durch den Aufwand des Verdrängungs- und

Spaltungsmechanismus fest im Unbewussten gespeichert bleiben.

Und so haben wir auch einen Übergang zu einem weiteren Irrtum Kandels. Das Wort Wahrheit kommt in seinem Buch nämlich nicht vor. Kandel hält es mehr mit dem Wissen, und das ist gut so. Kreativität liegt nach Kandel darin, dass das menschliche Gehirn zu mehr und mehr Wissen über die Welt verleitet und so den Menschen mit einer Kreisbewegung von Biologie, Gehirn und Kunst krönt. Dabei verlaufen die meisten dieser Vorgänge – genau wie Freud es gesagt hätte – unbewusst. Doch was ist dann die Psychoanalyse? Hier wird doch das Unbewusste bewusst gemacht und zwar dadurch, dass der Proband erzählen muss, was immer ihm gerade einfällt und der Therapeut dies deutet. Das Unbewusste „lügt nicht" zitiert Kandel, aber wie sagt es dann die Wahrheit?

Diese Frage stellt Kandel sich nicht, weil er von seinem Wissen her beseelt an die Wahrheit gar nicht denkt. Nicht nur oder nur vordergründig kommt das Wissen aus dem Unbewussten heraus, und in erster Linie ist es die Wahrheit, die wichtig ist, weil sie es ist, die die Symptome erzeugt hat. Das Wissen muss der Wahrheit dienen und nicht umgekehrt. Bei Kandel dient das Wissen immer neuem Mehr-Wissen, was Lacan den typischen Universitäts-Diskurs nennt. Hier nimmt das Wissen eine Macht an und hat nichts mit der losgelösten, leicht distanzierten und respektvollen Liebe zu tun, die enthüllend wirkt.

Auch die Kommentatorin E. von Thadden kritisiert im ZEIT-Magazin (Nr. 41, 2012) an Kandels neuem Buch, dass zwischen seinen hervorragenden Darstellungen neurowissenschaftlicher Zusammenhänge einerseits und der Psychoanalyse sowie der Kunst andererseits eine Kluft bleibt. „Wo ein spezifisches Ich sein müsste, findet sich bei Kandel nichts außer dem generellen Menschen an sich", schreibt von Thadden. Dieser Mensch ist bei Kandel zwischen dem „bottom up" von Neurotransmitter- und anderen biologischen Basalgehirn-Informationen und dem „Top Down" höherer neurologischer Vernetzungs-Konzepte eingespannt. Dabei dominiert das „Top Down". Nur so etwas wie die Neuroästhetik der Kunst vermag laut Kandel eine Vermittlung herzustellen, denn bei Kandel ist auch der Künstler ein neurobiologischer Mensch. Das ist er sicher auch, aber hauptsächlich ist er ein frei schaffendes Subjekt, das Phonem und Pixel intuitiv gelungen kombiniert.[70]

Die freien Einfälle des Patienten in der Psychoanalyse weisen jedoch ein ganz anderes „Bottom Up" auf, das mehr linguistischer und symbol-semantischer Art ist. Ein „Top Down" gibt es nicht, denn der Analytiker muss zwar den in diesem freien Sprechen versteckten Anspruch auf das zurückführen, was Freud den Trieb nennt. Doch der Trieb ist bei Freud nicht eine vorwie-

---

[70] Beim Kunstmaler besteht das Phonem oft nur aus dem Titel, umso mehr ist die Kombination mit den Pixeln des Gemäldes interessant.

gend biologische Größe, sondern eher eine real-imaginäre, mathematische. Und so muss der Therapeut eben mit seinem Patienten zusammen Rechenspiele durchgehen und ihm solche nicht von oben her diktieren. In der Psychoanalyse aber auch in der Kunst bleibt es dem menschlichen Subjekt selbst überlassen, dafür einen Namen, ein „Objekt", eine Antwort in Form einer gelungenen Kombination von Phonem und Pixel aus dem Unbewussten zu finden.

Kandel ist zu sehr den Pixeln verhaftet, dem Bild-Wirkenden der Aplysia-Schnecke, der Gehirnneuronen und der exzentrischen neuroästhetischen Künstler, die ihren Wert haben und großartige Expressionisten sind, aber keine Erotologiker. Kandels ästhetisches Verständnis bleibt zwischen Neurowissenschaft und einer seltsam verpixelten, angeblich weiblichen Erotik gespalten. Auch die Frauen sind bei ihm nicht Subjekte, die sich nach eigenen Gefühlen selbst bestimmen. Bei aller künstlerischen Freiheit – wie sie Bild- und Wort-Wirkendes kombinieren, können nur sie selber sagen.

Ich vermute, dass Kandel hier ein persönliches Problem hat. Als er nach Amerika auswandern musste und dort Medizin studierte, hatte er beste Kontakte zu Psychoanalytikern. Kandel war fest entschlossen ebenfalls Psychoanalytiker zu werden. Einer der bekanntesten Analytiker war Ernst Kris, mit dessen Tochter Anna Kandel eine Beziehung einging. Kandel lernte auch H. Hartmann und R. Loewenstein kennen, alle emigrierte und renommierte Analytiker aus Europa. Dennoch kam es später zu einer Wende. Kandel wandte sich von der hoch interessanten Psychoanalyse ab und der biologischen Gehirnwissenschaft zu. Gleichzeitig brach er die Beziehung zu Anna Kris ab.

Ich glaube, dass Kandel das Wagnis, sich selbst analysieren lassen zu müssen und dabei sein Innerstes preiszugeben, ihn doch lieber in die sicheren konservativen Spuren der Naturwissenschaften zurückkehren ließ. Aber der Wert, die faszinierende Bedeutung und der Wahrheitsbezug der Psychoanalyse verfolgten ihn sein ganzes Leben weiter. Schon in seinem ersten Buch „Auf der Suche nach dem Gedächtnis" kommt er immer wieder auf die Psychoanalyse zu sprechen. Es ist typisch, dass er glaubt sie zu kennen und davon zu wissen, so dass er in dem hier erwähnten zweiten Buch den Eindruck machen konnte, er würde Freuds Wissenschaft abrunden und vollenden können.

Dies merkt ja auch E. von Thadden in ihrer Rezension an. Dabei ist jedoch klar, dass Kandel die Psychoanalyse gar nicht verstanden hatte und sie ja auch gar nicht verstehen durfte, weil er das Tiefste in ihm selbst nicht erfahren wollte. Schade, er wäre sicher ein guter Analytiker geworden und hätte vielleicht eine neue Wissenschaft kreiert, wäre er bei Kris, Hartmann und Löwenstein, dem großen Triumvirat der frühen Psychoanalyse, geblieben. Ich habe ihn jedenfalls beneidet, als ich davon las, in welchen Freud so nahestehenden Kreisen er verkehren konnte. Trotzdem ist seine Arbeit für die Neurowissenschaft bedeutend, daran soll überhaupt kein Zweifel bestehen. Aber zu dem Bereich, um den es in diesem Buch geht, nämlich um Psychoanalyse und das Bild-Wirkende, kann Kandel nichts Wesentliches beitragen

9...und Kahnemans Phonemkünste

Wirtschaftsnobelpreisträger D. Kahneman taugt ebenfalls gut zu einer Vertiefung der Thematik der beiden Grundkräfte, die ich immer wieder mit einem anderen Begriff bezeichne. Aber ich denke, es macht Sinn, die Perspektive hinsichtlich dieser Kräfte oder Triebe immer wieder zu wechseln und dann auch den zugehörigen Begriff (wie im Schema auf Seite 43 aufgelistet) daran anzupassen. Die Heuristik (abgeleitet von griechisch heurisco = ich finde) ist eine in der Psychologie und Wirtschaftswissenschaft – aber auch in anderen Disziplinen – übliche Verfahrensweise, um vereinfachte Lösungen für Probleme zu finden. In einem neueren Buch beschreibt D. Kahneman verschiedene dieser Heuristiken.[71] So gibt es z. B. Kognitive- und Affekt-Heuristiken. Bei den letzteren werden also starke Gefühle und Affekte eingesetzt, um einen Lösungsweg für ein Problem zu finden. Dieser Weg ist sicher im Alltagsleben nicht selten aber wohl auch nicht sehr zuverlässig wissenschaftlich zu erfassen.

Doch auch andere, scheinbar anspruchsvollere Heuristiken sind nicht immer ganz einwandfrei und klar. Vor allem aber bewegt mich die Frage, inwieweit diese Heuristiken auch etwas mit der Wahrheit zu tun haben oder ob sie – wieder einmal – nur ein Spezialisten Wissen für

---

[71] Kahneman, D., Schnelles Denken, Langsames Denken, Siedler (2012)

Detailfragen darstellen. Eine Wahrheitsheuristik findet sich bei Kahneman nämlich nicht. Für ihn kommt der Begriff der Wahrheit nur im Zusammenhang mit dem der Illusion vor. Vertrautheit und Wahrheit sind für ihn sehr ähnlich, weil das, was einem gut bekannt und vertraut ist, auch gerne für wahr genommen wird, meint er. Dennoch kreist Kahnemans Buch ganz entscheidend um originäre Wahrheitsfragen.

Bei den geschilderten Illusionen und Selbsttäuschungen, die er untersucht, handelt es sich nämlich um einen sehr alltäglichen und oberflächlichen Begriff von Wahrheit. Kahnemans „wahr" steht eher ein „falsch" gegenüber und nicht eine Lüge. Es geht bei Kahneman um ein falsch und richtig, während wir in der Psychoanalyse eine ganz ernste und umfassendere Wahrheit einer ebenso ernsten und umfassenden Lüge bzw. einem unbewussten Sich-Selbst-Belügen gegenüberstellen. „Das Unbewusste", sagt Lacan, „ist das Kapitel meiner Geschichte, das weiß geblieben ist oder besetzt gehalten wird von einer Lüge".[72] „Es ist der Teil des konkreten Diskurses als eines überindividuellen, der dem Subjekt bei der Wiederherstellung der Kontinuität seines bewussten Diskurses nicht zur Verfügung steht". Es handelt sich also nicht nur um eine Lüge des bewussten Ichs, sondern des mehr unbewussten Ichs, vielleicht sogar eine Lüge im unbewussten ‚Es' oder im Vorbewussten. Trotzdem ist es eine Lüge, die sich oft zu einer Art

---

[72] Lacan, J., Schriften I, Walter (1980) S. 97- 98

von Lebenslüge steigert. Selbstverständlich geht es bei Kahneman auch um unbewusst verfertigte Wahrheitsillusionen, aber sie haben meist nicht den Wert von Lebenslügen und schweren Verkennungen des psychischen Wesenskerns.

Kahnemans Ausführungen betreffen vor allem einfache psychologische Experimente mit Versuchspersonen, meistens Studenten. Diesen Personen werden Fragen gestellt oder Formulierungen angeboten, zu denen sie sich nach verschiedensten Kriterien äußern sollen. Dabei werden Bahnungs- (Priming-) und Hemmungseffekte, Kurz- und Fehlschlüsse und vieles andere mehr beschrieben. Einer der häufigsten Fehler der Versuchspersonen liegt beispielsweise darin, dass sie bei etwas ausgeschmückten Fragen in ihren Antworten die sogenannten Basisinformationen bzw. Basisraten, wie Kahneman sie nennt, nicht oder viel zu wenig beachten. Mit Basisinformationen bzw. Basisraten ist z. B. gemeint, dass jeder Student ungefähr weiß, welches Studienfach sehr häufig (wie etwa Betriebswirtschaft) und welches recht selten (z. B. Archäologie oder Mediävistik) gewählt wird. Es geht also um ein allgemein statistisches Wissen, das einem vertraut ist oder sein sollte.

Nun soll die Versuchsperson raten, welches Fach wohl ein besonders sensibler, eigenbrötlerischer Mensch zu studieren begonnen hat, wobei außer Betriebswirtschaft noch einige ziemlich seltene Fächer zur Auswahl standen. Die Versuchspersonen vergessen dann völlig, dass rein statistisch – also von der Basisrate her – gesehen auch ein feinfühliger und eigenbrötlerischer Mensch mit größerer Wahrscheinlichkeit dennoch Betriebswirtschaft studiert, weil dies einfach extrem häufig ist, und somit nicht unbedingt und prozentual häufig Mediävistik oder Urbanistik als Studienfach wählt. Die Versuchspersonen lassen sich von den ihnen geläufigen Basisinformationen durch die Charakterinformationen ablenken und tippen in einem hohen Prozentsatz daneben.

Trotzdem sieht es doch so aus, dass Kahnemans feinfühliger und eigenbrötlerischer Mensch vielleicht gar nicht übermäßig sensibel ist, sondern nur so gewirkt hat. Ein Student, der wirklich die genannten Kriterien eines vor lauter Feinfühligkeit ja fast kauzig und versponnen denkenden Menschen erfüllt, wählt zwar vielleicht nicht gerade ein extremes Außenseiterfach. Sehr häufig wählen solche Menschen gerne Psychologie, weil sie das selbst betrifft, ein Fach, das Kahneman in seiner Versuchsordnung extra ausgelassen hat, so dass man das Gefühl nicht loswird, er testet hier nur seine eigenen Vorstellungen. Denn die Sache sieht ein bisschen gezinkt aus, allein schon das Versuchsdesign suggeriert das, was er hören will, denn er weiß das Ergebnis ja schon von vornherein und hat die Anordnung der Studienfächer deswegen so ausgelegt. Eigentlich will er gar keine wirkliche Testung durchführen, sondern die Versuchsteilnehmer nur hereinlegen, damit sie seine schon vorher gezielt vermuteten Antworten geben. Auch trifft die Basisinformation nicht für alle Studenten zu.

Nun ist das Ganze ja nicht so tragisch, wenn man bei so einer Befragung mal falsch liegt, so wie man ja auch von Werbemaßnamen nie ganz unbeeinflusst bleibt, obwohl man im Großen und Ganzen doch seiner Persönlichkeit einigermaßen treu bleibt. Doch Kahneman führt auch viele andere Experiment-Ergebnisse an, die noch etwas wunderlicher klingen. So stellte Kahneman seinen Versuchs-Studenten die Frage: War Gandhi mehr oder weniger als 144 Jahre alt, als er starb? Wie alt war Gandhi als er starb? Allen Versuchspersonen war klar, dass 144 Jahre eine utopische Zahl ist, dennoch ließen sich die Versuchspersonen durch die hohe Zahl zumindest dahingehend verleiten, das Sterbealter Gandhis viel höher anzusetzen, als wenn sie einfach nur danach gefragt worden wären, wie alt Gandhi bei seinem Tod gewesen war.

Es liegt also wieder das gleiche Problem vor. Die vorher genannte hohe Zahl suggeriert anscheinend eine Neigung zu einem höheren Sterbealter, selbst wenn diese Zahl selbst für irrational angesehen wurde. Gerade wenn es um das Sterbealter eines Menschen geht, den man kaum kennt, der jedoch zudem als alter Weiser, als Guru gilt und der in seiner Hagerkeit mit Glatzkopf und Brille uralt wirkt, tendiert man zu einem höheren Wert. Es hätte genug Leute gegeben, die für solch eine Frage neutraler gewesen wären, beispielsweise Udo Jürgens, der genau so alt wurde wie Gandhi, aber dem man sicher mit der Zahl 144 nicht hätte über neunzig werden lassen. Viele, fast die meisten von Kahnemans Experimenten laufen ähnlich ab und muten oft seltsam an. Er selber sagt, dass ihm Kritiker Irrationalität vorgeworfen hätten. Seine Experimente seien absurd. Doch ich glaube, dass man ihm nicht Irrationalität vorwerfen kann, denn er baut alles sehr rational verständlich auf und zieht auch mit hoher Wahrscheinlichkeit die richtigen Schlüsse daraus. Was man ihm aber vorwerfen kann ist ein hoher Grad von Irrelevanz. Er liegt von vornherein daneben.

Denn wann kommt jemand in die Lage, eine Frage wie die von Gandhis Tod von über oder unter 144 Jahren beantworten zu müssen? Wann muss sich jemand entscheiden, ob er 900 Dollar sicher erhalten oder zu 90-Prozent 1000 Dollar gewinnen kann (oder umgekehrt sicher 900 oder 1000 zu 90 Prozent verliert) wie Kahneman in einem anderen Experiment zeigte? Es stimmt sicher, dass die meisten Versuchspersonen bei der Gewinnfrage die sichere Option wählten und bei der Verlustfrage die Lotterieversion. Und das ist auch bestimmt interessant. Aber es ist auch genauso irrelevant für die meisten Menschen in ihrem durchschnittlichen Leben. Wo bekommt man so seltsame, künstlich zurechtgebogene Angebote? Man könnte auch die Frage stellen: wenn Sie zweihundert Jahre alt würden, was würden Sie die letzten zwanzig Jahre machen?

Was Kahneman also tut, besteht darin, dass er hauptsächlich seine eignen Phantasien testet, dass er gerne Studenten aufs Glatteis führt und eine Kuriositätensammlung anbietet, die sicher eindrucksvoll und amüsant zu lesen ist, aber mit der Wahrheit zwischen Forscher und Versuchsperson und vor allem mit der Relevanz hinsichtlich des üblichen menschlichen Lebens absolut nichts zu tun hat. Kahneman ist – wie Lacan dies nennt – ein ausgesprochenes Opfer des universitären Diskurses. Er will um jeden Preis Wissen produzieren, die eigentliche Lebenswahrheit der Menschen interessiert ihn nicht. Doch verliert sein Wissen damit nicht an Wert?

Lacan hat in seinem 17. Seminar vier Grund-Diskurse dargestellt. Wie ich schon angedeutet habe, bestimmt der Diskurs des Herrn einfach und nur von sich aus, was zu gelten hat. Der neurotische Diskurs versucht Widersprüchlichkeiten im Herrendiskurs dem Herrn gegenüber auszuspielen. Schließlich der Diskurs der Universität, in dem der Universitätslehrer dafür sorgt, dass er auf jeden Fall immer über etwas mehr Wissen verfügt als seine Schüler und Nachfolger. Kurz: er setzt das Wissen nicht an den Platz der Wahrheit, es interessiert ihn vor allem ein ‚savoir pour savoir‘. Was das Wissen angeht, soll der andere immer noch ein bisschen Knecht bleiben. Erst der Psychoanalytiker hat begonnen, das noch zum großen Teil unbewusste Wissen seiner Patienten ernst zu nehmen und in einem gemeinsamen Diskurs nur das Wissen fördern, das der Wahrheit dient (vierter Diskurs).

Doch was ist Wahrheit? Was bedeutet in diesem umfassenderen Sinne Wahrheit? Diese Frage stellte schon Pilatus zu recht an Jesus. Doch was wohl den meisten völlig unbekannt ist, ist die Tatsache, dass Pilatus sich sehr für religiös-philosophische Grundfragen interessierte. Ich beziehe mich auf die biographischen Bemerkungen, die Paul Claudel in seinen Schriften gemacht hat.[73] Danach sei Pilatus oft im damaligen Palästina umhergereist und habe religiöse Stätten aufgesucht. Ihm war bekannt, dass die Juden, im Gegensatz zu dem von ihm in Rom erlernten Glauben an ein polytheistisches Pantheon, an nur einem einzigen Gott festhielten. Und so wollte er die Wahrheit wissen (die Wahrheit des Glaubens, des religiös-philosophischen Überbaus).

Er fragte daher jeden Tempelpriester oder Wächter eines Sanktuariums: „Was ist Wahrheit"? Doch stets hielten die Befragten zuerst die Hand auf: „Bezahle, dann bekommst du eine Antwort". Aber dies kannte Pilatus schon von seiner römischen Heimat her. Die Jupiterpriester wollten für jede Handlung im Tempel immer erst Geld und bei den Diensten der für Juno, Mars oder Apollon Zuständigen war das nicht anders. Sie waren alle die gleichen rigiden, starr an ihren religiösen Auffassungen klebenden Bürokraten. Sie waren alle die gleichen Zwangsneurotiker, die Angepassten, die genauso Geld scheffelten wie die Reichen und die Mächtigen. Das war alles die gleiche Clique.

---

[73] Diesen Hinweis fand ich bei J. Lacan in Mon Enseignement, Ed. Seuil (2005) S. 26. (Weniger ergiebig sind neuere Veröffentlichungen wie die von E. Schmitt: das Evangelium nach Pilatus, das sich an einigermaßen glaubhaften historischen Überlieferungen überhaupt nicht orientiert).

Deswegen kann es nicht verwundern, dass Pilatus auch Jesus die gleiche Frage stellte: „Was ist Wahrheit?"[74] Die Antwort ist nicht genau überliefert, aber sie wird in etwa so gelautet haben, wie es schon bei Johannes 14: 6 steht: „Ich bin die Wahrheit". Ich bin der, dessen Rede die Wahrheit authentifiziert, ja, dessen Sein (Sichtung) schon die Wahrheit ausstrahlt. Doch auch das war etwas, was Pilatus nur kurz verwunderte. Denn die vielen Sektierer und Prediger, die ständig davon reden, dass sie die Wahrheit einfach aus sich selbst haben, auch die kannte Pilatus schon aus seiner Heimat.

Es sind die Neurotiker, die Pathetiker, denen es immer wieder gelingt durch ihr suggestives Temperament Leute um sich zu scharen. Und die gab es natürlich nicht nur in Rom, sondern auch in Palästina. Entweder haben sie besonders viel gelesen wie die Pharisäer, oder es waren Eremiten wie Johannes der Täufer, die schon durch ihr skurriles eigenbrötlerisches Leben auffielen. Solche Menschen allerdings brauchte man eigentlich nicht zu fürchten. „Was hat er denn getan", fragt daher Pilatus. „Ich finde keine Schuld an ihm". Es geht um eine rein jüdische Angelegenheit und so sollen es die Juden selbst entscheiden.

Pilatus hat sich reichlich Mühe gemacht, aber seine Suche nach Wahrheit war irrelevant. Er hätte sie nicht mit den Augen des Römers, sondern mit denen des Rabbi Jesus suchen müssen. Umgekehrt erging es vie-

---

[74] Johannes 19; 38

len USA-Immigranten in der Zeit der McCarthy Ära, in der die Menschen mit den Augen des stockkonservativen Kapitalisten gesehen wurden. So z. B. der Schriftsteller L. Feuchtwanger oder der Mathematiker K. Gödel. Sie sagten, dass sie nicht an einen persönlichen Gott glauben und ließen durchscheinen, dass sie links-liberal waren und nicht rechts-konservativ dachten, wie die unter McCarthy in antikommunistischer Panik agierenden Amerikaner.

Ihnen wurde dann ein Aufenthalt in den USA erheblich erschwert oder gar unmöglich gemacht. Jesus sagte zwar nicht, dass er König über das römisch besetzte Palästina werden wollte, jedoch schon, dass er König sei. König als solcher, ein Hochstehender unter den Menschen. Pilatus wand sich hin und her, um diese heiklen Aussagen zu relativieren. Aber er konnte so die „Wahrheit", die letzte Wahrheit, nicht finden. Das Wahre war ihm nicht real genug. Die Phonem hatten nicht genug Pixel oder – in meiner Nomenklatur – das *Strahlt* zu wenig *Spricht* und umgekehrt. Jesus war an seinem eigenen Tod mit schuldig, so wie auch die USA-Immigranten mit ihrer rücksichtslosen Offenheit selbst schuld an ihrem Schicksal waren.

Zurück zu Kahneman: er stellt z. B. ein Experiment vor, in dem eine der Versuchspersonen (alle waren nur durch Kopfhörer mit der Welt außen verbunden und saßen in extra Kabinen) den Strohmann spielen musste, der einen epileptischen Anfall vortäuschte. Nur einige wenige traten aus ihren Kabinen heraus, um dem vermeintlich kranken Versuchs-Kollegen zu helfen. Fazit: kaum ein Mensch unserer heutigen Zeit ist hilfsbereit. Aber ist dies die Wahrheit? Erstens war es schon seltsam, dass der Strohmann bereits vorher berichtete, er sei Epileptiker (jeder musste nämlich eine kurze Vorgeschichte erzählen). Prompt bekommt er dann Minuten später einen Anfall, in dem er zu sterben glaubt. Hier hat Kahneman selbst die Basisrate vergessen, dass ein Tod durch epileptischen Anfall sehr selten ist. Zudem hat wahrscheinlich der Typ den Anfall zu theatralisch dargestellt, so dass wohl alle zu Recht einen Hysteriker in ihm sahen.

Die anderen Versuchspersonen konnten also annehmen, dass sie ohnehin nichts tun können und ein Tod (basisratenmäßig) unwahrscheinlich ist. Zusätzlich war die Schilderung des Strohmanns durch die Kopfhöreranlage sehr skurril und unplausibel. Der Strohmann kündigte an, er spüre einen Anfall kommen. Doch dann rief er dramatisch: „Bitte . . . helf . . . Hilfe-oh-oh-oh [Würgegeräusche]. Ich … ich sterbe-er-er-er ich… sterbe-er-er … Ich … Anfall [Würgegeräusche, dann still]." Das klang total nach Künstlichkeit und nicht nach einem wirklichen epileptischen Anfall, bei dem der Kranke gar nichts mehr – und schon gar nichts so Differenziertes wie noch am Schluss das Wort Anfall – sagen kann.

Mit Sicherheit kann man so nicht Hilfsbereitschaft testen. Hilfe im Alltag bei unklaren Situationen ist oft ein sehr schwieriges Unterfangen. Behinderte wollen oft grundsätzlich keine Hilfe, sie wollen nicht ständig als hilflos dastehen und selber die Situation zu meistern suchen. In Kahnemans Beispiel hätte man erwartet, dass der Studienleiter sofort einen Arzt ruft, alles andere hätte ja keinen Sinn gehabt. Das mussten auch alle Teilnehmer denken, ein paar sind dann doch verunsichert aus ihren Kabinen gekommen. Erneut spiegelt Kahneman nur sein eigenes konstruiertes Studiendesign und seinen eigenen Charakter wieder: „Weil wir dazu tendieren, Menschen, die uns gefällig sind, freundlich zu behandeln, während wir zu denen, die es nicht sind, gemein sind, werden wir aus statistischen Gründen dafür bestraft, nett zu sein, und dafür belohnt, gehässig zu sein." Die meisten Menschen sind zu anderen, die neutral reagieren – also nicht besonders freundlich sind – nicht gleich gemein und gehässig. Sie bleiben meist selbst neutral.

Offensichtlich ist Kahneman zur Hälfte der Menschen gemein (den Studenten gegenüber mit seinen unangenehmen Fragen?) und belohnt sich – exakt seiner Statistik entsprechend – dafür selbst mit seinen Veröffentlichungen. Dass ich Kahneman so für seine Irrelevanz und seine unernsthafte bzw. fehlende Wahrheitsliebe kritisiere, hängt damit zusammen, weil ich sein Buch aus anderen Gründen gerne gelesen habe und einige seiner Grundvorstellungen recht gut finde. Er postuliert ein schnelles (System 1) und ein langsames Denken (System 2). System 1 bezieht sich auf das mehr intuitive, spontane, mehr gemütsbezogene Denken, das sehr schnell Schlüsse zieht, die jedoch meist nur annähernd richtig sind. System 2 dagegen vertritt das rationalere, statistisch relevantere ausführlichere und damit jedoch auch langsamere Denken.

Kahneman korreliert die beiden Systeme auch mit zwei diesen Systemen entsprechenden ‚Selbsten‘, also Ich-Gehirn-Unbewusstes betreffenden psycho-physischen Komplexen. Selbst 1 ist das erlebende Selbst (passt zur Vielheit der Pixel), Selbst 2 das erinnernde Selbst (das gut Phoneme erinnert). Kahneman gibt jedoch nur eine kurze Empfehlung, wie man das Zusammenwirken der Systeme und ‚Selbste‘ verbessern kann. Man sollte System 1 öfters mal zurückschalten und System 2 um korrigierende Hilfe bitten, schreibt er. Das ist natürlich angesichts seiner vielen Erfahrungen und Forschungen wohl etwas wenig und einseitig dazu. Hier und auch diesbezüglich der Wahrheitsfindung muss man ihn um eine *analytisch-psychokathartische* Dimension erweitern.

Denn die zwei Systeme und ‚Selbste‘ wirken ja ständig in-, gegen- und miteinander, was auch typisch ist für das wort-wirkende Phonem und das bild-wirkende Pixel in ungeordneter Form. Es muss eine klare Anweisung, ein klares Verfahren geben, die Zusammenarbeit dieser beiden Grundordnungen verbessert zu kombinieren. In meinem Buch ‚Der Andere des Wortes und das Andere der Sterne‘ habe ich auf dieses Problem hingewiesen. Ich konzipierte nicht ein langsames und schnelles Denken, sondern das übliche, ans sprachliche, gebundene Denken (das eher dem Selbst 2 und den Phonemen entspricht) und ein Nicht-Denken (etwa Selbst 1, wo nur gezeigt und gesehen wird, also Pixel vorherrschen).

Vor allem aber habe ich wie auch in diesem Buch stets auf die übermäßige Betonung der Wort-Wirkenden in Philosophie, klassischer Psychoanalyse, Kognitionswissenschaften und anderen Methoden à la Kahneman hingewiesen. Das Bild-Blick-Wirkende, der imaginäre Signifikant in Kontemplation und Meditation wird vernachlässigt, weil man seine Neigung zur Inflation des Unbewussten, zu dissoziativen Störungen und Phantasien fürchtet. Es ist aber wichtig, es fördert die Katharsis, die seelische Belebung, die Selbstsublimierung, wenn auch sicher nicht bis zur manischen Ekstase. Aber ein Sublimieren bis zur Befreiung, Gewissheit und Gefühlsstärke, mit der dann auf das Wort-Wirkende besser eingegangen werden kann und die unbewussten Gedanken hörbar sind, ist für die Wissenschaft v o m Subjekt, für die wahre Seelenkunde dringend notwendig.

Der Philosoph P. Sloterdijk spricht vom präkonfusen Denken (System 1 oder Nichtdenken, in Pixeln denken), das die Vorsokratiker und all die Mystiker in Ost und West kultiviert haben, und stellt dies dem rational-symbolischen Denken gegenüber (System 2, in Phonemen denken).[75] Wie bringt man nun die beiden zusammen und warum ist dies wichtig? Auch Sloterdijk zeigt wie Kahneman keine praktisch logische Lösung auf.

---

[75] Sloterdijk, P., Du musst dein Leben ändern, Suhrkamp (2012)

Und auch die neuere Philosophie bzw. die modernen Kognitionswissenschaftler wie Damasio, Dennett, Pinker, Eagleman und viele andere bringen in umfangreichen Büchern interessant und geistvoll die Frage nach der Wahrheit völlig zum Erliegen. Der Allround-Philosoph D. C. Dennett erwähnt in seinem neuesten Buch das Wort Liebe, Eros, Wahrheit, also all diese schönen, warmen Worte kein einziges Mal.[76]

[76] Dennett, D. C., Von den Bakterien zu Bach – und zurück. Die Evolution des Geistes, Suhrkamp (2018)

10. Schlussfolgerungen

Selbstsichtung und Gedankenhören sind ein Paar, das die elementarste Ebene von Wahrnehmungs- und Sprech-Hör-Begehren darstellt. Elementar heißt nicht zuunterst, darin liegt keine Wertigkeit. Den elementaren stehen die elaborierteren, komplexeren Ebenen gegenüber. Solche können Kulturen, Ideologien oder Persönlichkeiten sein, die ein starkes Ich haben, aber auch nicht mehr. Damit stellen sie nämlich keine ideale, besonders gelungene Kombination dar. Ich wollte daher eine weitere Ebene anbieten, die ganz dem Subjekt gehört und Selbstsichtung und Gedankenhören zu differenzierterer Wahrnehmung, zum autochthonen Genießen und zur ‚guten Objektkonstanz' der reifen Persönlichkeit führt. Um zu einem Verfahren zu kommen, mittels dem man sich der Selbstsichtung durch die Brille unserer unbewussten (Un)-Ordnung der Blicke und Bilder, und das Gedankenhören durch neue Ansätze in der Psychoanalyse bedient, gebe ich eine kurze Zusammenfassung und nehme auch nochmals Stellung zum Verfahren *Analytischen Psychokatharsis,*.

Das Schauen, der Blick per se, was ich auch oft ein *Es Scheint / Strahlt* nenne, ist also nach Lacan „ein von mir auf dem Feld des *Anderen* imaginierter Blick, ein vorerst nur visueller Abschnitt des Sichtbaren (Schirm-Bild) in dem wir selbst schon in das Bild lustvoll eingeschrieben sind (Bild-Tableau). Er erzeugt nur einen anderen meinesgleichen, der nur untergeordnete Bedeutung erlangt. Neben diesem anderen, der also nur ein visueller Abschnitt des Sichtbaren ist (Sichtung), gibt es auch den bedeutenden, absolut *Anderen*. Dieser absolut *Andere* ist von mir ja schon mehrmals als Knotenpunkt der *Signifikanten*, als Bedeutungsknoten der Hörigkeit und des Gedankenhörens (Rede) charakterisiert worden.

Der Ökonomie- und Wissenschaftsautor Taleb sieht in ihm den sogenannten „Antifragilen". Er stellt eine Struktur-Triade auf, in der es zuerst einmal das Fragile, Zerbrechliche, Schwache und den dementsprechenden Menschentypen gibt. Sodann postuliert er als Zweites das Robuste, Standfeste, aber auch Statische, Rigide, Starre. Über all dies hinausgehend findet man als Drittes das Antifragile, das Kontrapunktische, meist etwas „Anders-herum-Greifende", das Stochastisch-Heuristische. Dieses Letztere, das Antifragile, führt der Autor in hunderten von Beispielen und in allen nur denkbaren Bereichen an. Es ist die wichtigste Kategorie, diejenige, die man am meisten befolgen sollte, weil man nur so dem bedeutend *Anderen* gerecht wird.

Taleb beschreibt sie hauptsächlich in dem Bereich der Ökonomie, von wo der Autor hergekommen ist, aber auch in Naturwissenschaften, Medizin, Philosophie und anderen Lebensbereichen findet Taleb seine drei Strukturen bzw. Kategorien wieder. Manches ist recht originell, manches eher kurios oder irrelevant. Vieles aber ist schon altbekannt und so könnte man generell das Antifragile auch durch bekannte Begriffe wie Spontaneität, Phantasiereichtum und Kreativität ersetzen. Zudem fungiert – so wie Taleb es beschreibt – die Antifragilität nach relativ pauschalen Vorgaben. Den Antifragilen in sich aufzubauen heißt wohl nicht, das oder den unbewusst *Andere(n)* in sich zu treffen.

Antifragilität, dieses bedeutende *Anderssein* ist z. B. durch Begriffe wie Unberechenbarkeit, Zufälligkeit, Irrationalität, Volatilität, Optionalität und Nichtlinearität gekennzeichnet. Die gegenteiligen Einstellungen sind eben fragil oder allenfalls robust. Doch waren Überkorrektheit, extreme Rationalisierung, Süchtigkeit nach Objektivierung immer schon Bezeichnungen für negative Einstellungen und lassen sich genauso kritisch darstellen ohne Antifragilität benutzen zu müssen. Es ist nichts Neues, wenn Taleb sagt, dass Zuvorkommenheit gegenüber einer Person, die Schändliches getan hat, diese Person letztlich entschuldigt. Oder dass man keinem anderen etwas zufügen soll, was man auch für sich selbst nicht möchte.

Und auch dass „Abwesenheit einer Herausforderung die Besten der Besten schlechter werden lässt" (oder zumindest lassen kann), ist keine aktuelle Feststellung. Doch wenn er die Mafia für antifragil hält, weil Ehrgefühl bei ihr groß geschrieben wird und sie durch Morde – ähnlich wie Dynastien früher durch Königsmorde – abgenutzte Herrschaftsformen volatil reguliert, klingt das nicht so gut. Natürlich korrigiert er diese Botschaft wieder, indem er zeigt, dass es auch Antifragilität auf Kosten anderer gibt, speziell auch in der Finanzbranche.

Doch was bleibt dann noch von dem guten antifragilen Begriff übrig?

Taleb argumentiert meiner Ansicht nach nicht unkorrekt, dass in der Psychologie mit dem Begriff der „posttraumatischen Belastungsstörung" oft Schindluder getrieben wird und setzt ihm daher den Begriff des „posttraumatischen Wachstums" entgegen. Es ist durchaus bekannt, dass manche Menschen durch einen Unfall oder schreckliches Schicksal einen entscheidenden Schritt im Leben gelernt haben, während andere sich nicht davon erholen können. Psychotherapeuten wissen das und müssen eben unterscheiden können, ob jemand Hilfe braucht oder nicht.

Dahin passt auch die Geschichte mit „Buridans Esel". Der mittelalterliche Philosoph Buridan meinte, dass ein Esel verhungern würde, stellte man links und rechts von ihm zwei Fresskörbe im gleichen Abstand auf. Tatsächlich vermittelt dieses Beispiel auf ganz originelle Weise das, was wir in der Psychotherapie eine Ambivalenz nennen. Und die gibt es wirklich, man kann sich für keine Seite, keine Option entscheiden. Taleb meint daher, man müsste den Esel anstoßen und so auch manche Menschen. Doch mit Sicherheit verhungert der Esel auch als Nichtangestoßener nicht. Wenn er im Moment eines starken Hungergefühls gerade mal nach ganz flüchtig links geschaut hat, fängt er sofort an dort zu fressen. Buridans Esel ist irreal. Nur die Menschen verharren oft in ewig langen Ambivalenzen.

Dennoch ist Talebs Buch über etliche Strecken hin amüsant zu lesen. 700 Seiten sind natürlich zu viel, aber das einleitende Inhaltsverzeichnis verbraucht schon fast 60. Einige Male verspricht der Autor auch endlich genau zu zeigen, wie man Antifragilität erlernt. Aber eine wirkliche Anleitung gibt er nicht und kann er auch gar nicht geben, dazu ist der Begriff der Antifragilität zu vielschichtig. Kurz: er ist selbst zu fragil. Er lebt von seinem ‚Anti' und hat keinen eigenen Namen.

Taleb hätte seinen Begriff der Antifragilität selbst antifragil formulieren müssen. Er hat nicht den unbewusst Anderen in sich sprechen lassen, sondern sein übergroßes Ego, mit dem er durch Aktienleerkäufe Millionen gemacht hat. Das Verfahren der *Analytischen Psychokatharsis* passt jedoch trotzdem genau hierhin. Die darin verwandten *Formel-Worte* sind absolut antifragil, denn sie sind kontrapunktisch, unberechenbar und fürs Erste völlig unverständlich und irrational. Ein *Formel-Wort* im Kreisgeschrieben vermittelt überhaupt keine fragile oder robuste Klarheit, sondern nur Kontextlosigkeit (auch etwas Antifragiles), eine absolute „bottom up" und nicht „top down" Strategie und ist ein „Nicht-naiver Interventionalismus" (ebenso alles antifragile Eigenschaften).

Dennoch dienen die *Formel-Worte* dem wirklichen Dialog mit dem *Anderen* in einem selbst, sie sind wissenschaftlich, psychoanalytisch, psycho-semio-tisch klar aufgebaut. Sie sind nur in sich selbst antifragil, weil sie

– angefangen von verschiedenen Buchstaben aus gelesen – immer wieder eine andere Bedeutung haben.

Ich beschreibe in diesem Buch das praktische Vorgehen der *Analytischen Psychokatharsis* hauptsächlich im Anhang. Ich habe in einigen anderen Veröffentlichung darüber ausführlich berichtet. Das praktische Vorgehen ist sehr einfach, dennoch ist es immer wieder wichtig, den theoretischen Aufbau verstanden zu haben. Denn die Theorie gibt dem Verfahren die Sicherheit und wissenschaftliche Grundlage. In früheren Zeiten genügte die Autorität des Arztes oder des Meditationslehrers. Doch heute muss sich jeder selbst überzeugen und auch den an der Psychoanalyse orientierten Aufbau nachvollziehen können. Man muss in der Lage sein, Probleme beim Üben des Verfahrens durch Lektüre der praktischen und theoretischen Seite lösen zu können. Ein Therapeut ist nicht unbedingt notwendig, kann aber freilich hilfreich sein.

Ich selbst betreue Übende nur alle zwei bis drei Monate durch ein ausführliches therapeutisches Gespräch. Manchmal biete ich einen Einführungsabend mit gemeinsamen Übungen an. Auch in der klassischen Psychoanalyse ist der Therapeut nur in seinem Übertragungsaspekt wichtig, und da die Übertragung aufgelöst werden muss, muss sich der Psychoanalytiker rechtzeitig von dem Angelpunkt, in dem er sitzt, eliminieren, wie Lacan oft bemerkte. *Formel-* und *Pass-Worte* stellen diesen Angelpunkt dar, und hier ist es der Übende selbst, der von vornherein diesen Platz einnehmen kann, indem er die Übertragung – wie gerade gesagt – durch sein Üben selbst auflöst. Irgendwann ist der Therapeut, sind aber auch die Übungen nicht mehr notwendig.

Das „Irr-Licht" und das „Koffer-Wort"

J. Lacan meinte einmal, der Psychoanalytiker, der zuhörende und sprechende Lehrer, solle nicht ein perfektes Licht auf dem Pfad der Selbsterkenntnis sein, sondern eher ein „Irrlicht"![77] Er ist ein „Licht", aber es flackert und fackelt so herum, so dass der Schüler, der Analysand, sich anstrengen muss, es zu fassen. Erst im Laufe vieler Gesprächs-Sitzungen wird das flackernde „Licht" klarer und klarer werden und sich erzählen, sprechen, lassen, bis es schließlich durch die Deutungen des Analytikers in eine endgültige Kombination, *Konjektur* gebracht wird. Die symbolischen, verbalen Signifikanten haben in der Analyse das Schwergewicht, aber auch das „Irr-Licht" als ein imaginärer Signifikant ist wichtig. Denn dem Gehör – sagt Lacan – macht der Blick starke Konkurrenz.

Leider verstehen sich die meisten heutigen Analytiker nicht als „Irr-Licht", sondern eher als perfekte Lehrer, als Leuchten ihrer Wissenschaft. Nun geht es ja der Psychoanalyse ganz besonders ums Genießen, und dazu braucht man einen Körper. Der Körper muss für das Echo, für den Widerhall mütterlicher Reverie und für die Spiegelung der Triebe – also für Sprech- und Schau-

---

[77] Lacan, J., Séminaire Nr. XXI, Vortrag vom 14.5.74, Mitschrift S. 150.

trieb – sensibel sein.[78] Man kann diesem Körper nicht einfach ein Licht aufsetzen oder einpflanzen, noch kann man ihn einfach so zum Sprechen bringen wie die Polizei dies bei ihren Verhören tut. Daher kann ich in der *Analytischen Psychokatharsis* den Menschen nur ein Irr-Licht geben und dazu auch noch ein paar Koffer-Worte.

Die Koffer-Worte, auch Schachtelworte genannt, französisch: Portmanteaus, enthalten mehrere Bedeutungen in einem Schriftzug, wie etwa beispielsweise Bombay und Hollywood in „Bollywood". Nun sind die Koffer-Worte der *Analytischen Psychokatharsis*, die *Formel-* und *Pass-Worte* nach sprachwissenschaftlichen Kriterien erstellt und stellen somit eine andere Kategorie dar als die mehr banal-alltäglichen Portmanteaus wie das gerade oben genannte. Für die psychoanalytische, mathematische und linguistische Sichtweise sind auch mindestens drei und mehr Bedeutungen im Wortzug notwendig. So etwas erfüllen herkömmliche Koffer-Worte nicht. Lacan hat sehr viel mit derartigen Wortspielen gearbeitet, hier allerdings auch mehr nach psycholinguistischen Aspekten wie z. B. in dem von ihm erwähnten ce qu´on dit ment (was man sagt, lügt) und ce condiment (dieses Gewürz). Allerdings wirkt hier die im Französischen häufig anzutreffende Homophonie mit.

Besser klingt das Kofferwort l´amour rire (die Liebe lachen) und La mourir (das Sterben). Diese Wortspiele

---

[78] Lacan, J., Seminar XXIII, Lacan-Archiv, S. 10

haben Lacan dazu gedient, das Wirken des Unbewussten plastischer darzustellen. Das Unbewusste richtet sich nämlich gerne nach Wort-Klang-Bildern. In den bekannten Freud´schen Versprechern kommt dies deutlich heraus. Wenn die ehemalige Justizministerin Frankreichs R. Dati statt von Inflation von Fellatio gesprochen hat, ist dies ein gelungenes, wenn auch für die Betroffene sehr peinliches Beispiel. Ganz Europa hat gelacht und die Pikanterie war noch zudem groß, weil Dati ein scheinbar geheimes Liebesleben führte. Sie verriet nie, wer der Vater ihres Kindes war. Aber ihren Job als Justizministerin war sie bald los.

Bei der *Analytischen Psychokatharsis* geht es ernsthafter zu. In der durch das Irr-Licht angeregten Katharsis und den durch die *Formel-Worte* provozierten *Pass-Worten* kommt es meist zu erstaunlichen und unkonventionellen Einsichten ins eigene Unbewusste. Die Deutungen des Analytikers können kaum je in eine derartige tiefsinnige Schicht des Unbewussten vordringen, wie sie durch die kompakte, enge und geradezu konkretistische Wort-Klang-Bild-Struktur gegeben ist. Auch die freien Assoziationen des Patienten reichen kaum in diese psycho-linguistischen Ebenen so weit hinein, wie es die gelungene, gute Kombination des *Strahlt / Spricht* vermag.

Irr-Licht (*Strahlt*) und Koffer-Wort (*Spricht*) sind irgendwie eng verwandt und erinnern wieder ganz stark an die Selbstsichtung und das Gedankenhören. Beide verführen sie zur Irrationalität und zum Absurden. Doch gerade darin steckt ja die tiefste Form des Unbewussten. So gibt es auch kaum eine Gottesgestalt, die nicht im Hintergrund mit der Häme, mit dem Konterkarierten und Paradoxen eines Gegenspielers, Teufels oder der als geringfügig dargestellten Menschenkreatur verbunden ist. Die Liebe Gottes schließt immer die entsetzlichsten Dinge auf Erden ein und der als recht und perfekt angepasste Mensch sieht sich immer mit den skurrilen Außenseitern konfrontiert.

Durch die Kombination des Irr-Lichts in der *Analytischen Psychokatharsis* mit dem Koffer-Wort-Charakter der *Formel-Worte* wird es zur warmen, lichthaften Katharsis. Manchmal nimmt es körperbezogene Formen an, wie ich sie mit dem Begriff des „Durchrieselns" beschrieben habe. Andererseits erreichen die *Pass-Worte* dadurch einen *Strahlt*-Aspekt und wird die Katharsis durch einen bedeutenden Sinn sprachlicher Art gekrönt. Ein besseres Ziel ist nicht vorstellbar. Zumindest ist es schwer, eine optimale, ideale Kombination der zwei Grundtriebe, Grundelemente, wie denen der Selbstsichtung und dem Gedankenhören zu geben. Es ist eine Sache des Subjekts selbst, mehr kann man ihm nicht vorschreiben. Ob das Subjekt es als eine Verbesserung seiner Persönlichkeit bezeichnen wird, als einen gehobeneren seelischen Zustand oder sonst einen Begriff bilden wird, ist seine Sache. Das Ergebnis sollte sich einschreiben lassen in die Vermutungs-Wissenschaften, z. B. in die Psychoanalyse Lacans.

Dazu ist es sinnvoll, wenn ich nochmals ein *Pass-Wort* schildere und sein Wesen interpretiere. Denn das Pass-Wort stellt zweifellos eine gewisse Krönung des Verfahrens der *Analytischen Psychokatharsis* dar, indem es den analytischen Teil über die reine Katharsis heraushebt. Ich gebe daher nochmals ein Beispiel von einem meiner Patienten, wie diese Kurzsätze wirken. Nach längerem Üben hörte dieser Patient wie von weitem her einen, seinen, Gedanken: „Fest Oberschrift!" Es handelt sich also wieder um eine „ultrareduzierte Phrase" aus dem Unbewussten. Aber was sollte diese nun sagen? Einige, denen ich davon berichtete, hatten die Assoziation, dass es etwas bedeuten würde, das auch mit der Unterschrift zu tun habe, die man ja ständig irgendwo leisten müsse. Diese Assoziation hatte auch die betreffende übende Person selbst, und es kam auch sogleich zur Sprache, dass er ein Problem mit seiner Unterschrift hatte. Er konnte sie nicht mehr ohne ein gewisses Zittern und somit nur in verwackelten Buchstaben ausführen. Dies war besonders stark ausgeprägt, wenn er – etwa auf der Bank – eine Unterschrift in Gegenwart von anderen geben musste. So etwas ist ein häufiges neurotisches Symptom. Es kam jedoch vielleicht noch dazu, dass wohl auch ein altersbedingter Tremor beim Verzittern der Schrift mitwirkte.

Trotzdem bewirkte dieses *Pass-Wort* bei ihm eine hilfreiche Wendung. Nicht nur, dass er bei diesem Gedankenhören eine kathartische Erfahrung, eine entspannende Erleichterung erlebte, er hatte auch sofort eine klare

Vorstellung, was das „fest Oberschrift" ihm sagen sollte. Er solle beim Schreiben nicht an die Unterschrift
denken, sondern sich vorstellen, er schreibe eine Über-
bzw. Ober-Schrift; er schreibe also nicht etwas, was seine Identität auf letztlich ja doch sehr künstliche Weise
belegen sollte, sondern einen unbestimmten Titel, den
Anfang eines Briefes, eines Kapitels, das einen (seinen)
Namen trägt. Und das Ganze dann auch noch „fest".

Nun könnte man wiederum leicht sagen, so etwas hätte
ihm jeder andere auch raten können. Mit Sicherheit hätte aber ein fremder, wenn auch freundlich gegebener
Ratschlag, nicht so eine Wirkung gehabt. Der Patient
bestätigte mir ganz klar, dass so eine Weisung aus dem
eigenen Inneren eine wesentliche stärkere Durchschlagskraft habe, als ein gut gemeinter Vorschlag, der
einem mal so eben zwischen Tür und Angel gegeben
wird. Ich glaube sogar, dass auch in diesem Beispiel eine überindividuelle Anamnesis mitspielte. Denn es hat
nicht Überschrift geheißen, sondern seltsamerweise
„Oberschrift". Das klingt wie nach einem von oben
kommenden Gesetz, nach einer transzendenten Vor-
schrift, die man ganz oben ansetzen muss, so bedeutend
ist sie. Eine Schrift, die nicht unten auf dem Papier
steht, sondern oben als Symbol. Als Symbol des Symbolischen könnte man fast sagen.

Anhang

Das Verfahren der *Analytischen Psychokatharsis* ist von seiner praktischen Seite her, wie schon zum Teil beschrieben, sehr einfach. Man muss sich nur in bequemer Lage hinsetzen und zwei mentale Übungen machen. Trotzdem noch eine kurze Zusammenfassung und weitere *Formel-Worte* für die Praxis. In der ersten Übung wiederholt man rein gedanklich langsam hintereinander zwei, drei oder bis zu fünf *Formel-Worte*,[79] während man gleichzeitig darauf achtet, ob etwas auftaucht, das den Charakter eines ‚Es *Strahlt*' hat. Bei diesem *Strahlt* kann es sich um eine Erhellung, Körperbildwahrnehmung, ein Schimmern, einen ‚Lichtpunkt' oder eine grundlegende Luzidität handeln, dem eben solch ein Phänomen zukommt. Das *Strahlt* ist also nicht etwas, das man selbst imaginieren, erzeugen oder gar erzwingen muss. Es ist in jedem Menschen als Primärform eines Kräftegeschehens vorhanden und muss so nur geweckt oder erwartet werden. Genauso kann aber auch ein ‚Durchrieseln' zu spüren sein[80] oder die Empfindung

---

[79] Weitere *Formel-Worte* sind in anderen Veröffentlichungen oder auch auf der hinten angegebenen Webseite zu finden. Vorerst genügen die hier erwähnten. Mehr als fünf sollte man nicht benötigen.
[80] Damit ist eine Erfahrung gemeint, die etwas mit atavistischen Gefühlsreaktionen zu tun hat. Die Frühmenschen haben noch viel mit ihrer unbedeckten Haut gefühlt, ertastet und umweltbezogen kommuniziert. Auch bei bewegenden Musikstücken, wenn es einem durch einen den Rücken her-

auftauchen, wie sich das eigene Körperbild verschiebt, sich weitet oder es einfach nur als schwarze Farbe, als Fleck vor den geschlossenen Augen festzustellen ist. Denn schwarz ist schon eine Wahrnehmung, die sich von der Dunkelheit im Kopf ganz gering abheben kann. Egal was auch immer ‚gesehen' oder erfahren wird, es wird den Charakter von einem auch nur ganz geringen ‚Es *Strahlt*' haben, und das genügt.

Dadurch tritt eine Entspannung ein, eine Katharsis, eine Befreiungserleben, das besonders dadurch gesteigert werden kann, wenn gleichzeitig die besagten *Formel-Worte* rein mental geübt werden. Links unten ist nochmals ein weiteres *Formel-Wort* dargestellt. Auch dieses (RA-DIC-IT) ist kein normales Wort aus dem Lateinischen, aber es beinhaltet mehrere sich überschneidende Bedeutungen in einer Formulierung, es ist ‚linguistisch kristallin' aufgebaut. Außer dem radiat und dicit (*Strahlt*

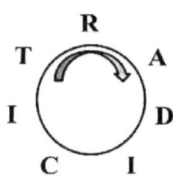

und *Spricht*) ergeben sich im Kreis geschrieben und von verschiedenen Buchstaben aus gelesen mehrere disparate Bedeutungen. So kann man hier z. B. auch „adi cit r" (geh heran, es bewegt R) „C i tradi" (hundert I übergeben), „citra di" (diesseits die Götter), „dicit ra" (es sagt ra), „r adic it" (füge r hinzu,

---

unterrieselnden Schauer erfasst, greifen wir auf diese eben besonders tief gehenden Emotionen zurück. In der Analytischen Psychokatharsis wird diese Erfahrung jedoch als Bestätigung einer Erkenntnis genutzt z. B. bei den *Pass-Worten*.

es geht), „radi cit" (gekratzt werden, es bewegt sich), „trad ici" (erzähle, ich habe getroffen) etc. herauslesen, wobei vieles recht unsinnig klingt. Dies hat jedoch für den formalen Ausdruck keinerlei Bedeutung. Ausschlaggebend ist nur, die wissenschaftliche Begründung (mehrere Bedeutungen in einer Formulierung, Verwendung nur anderer Schnittstellen) klar darlegen zu können, und dies ist für das Verfahren sehr wichtig, weil man nur so volles Vertrauen in die Methode haben kann.

Dies ist die erste Übung, die auf tatsächlichen Vorgaben der Psychoanalyse beruht, weil durch das mentale Reverberieren eine Regression (ein innerlicher Rückzug) erzeugt wird, die sich gleichzeitig nur auf einen eingeengten Aspekt des Wahrnehmungs- bzw. Schautriebs konzentriert (das *Strahlt)*. Zudem setzt sich die *Formel-Wort*-Wieder-holung an die Stelle dessen, was man in der Psychoanalyse den Wiederholungszwang, das unbewusste Wiederholen nennt. Dieses wird zumindest solange aufgehoben, wie die Übungen der *Analytischen Psychokatharsis* wirken. Ich habe schon im Haupttext angedeutet, dass dadurch eine wesentliche Hürde der klassischen Psychoanalyse vereinfacht und vermindert wird. Wichtig ist, dass es zu einer Katharsis kommt, zu einer Befreiungserfahrung und nicht nur zu einer simplen Entspannung.

Auch was andere Therapieformen und deren Probleme angeht, kann in der *Analytischen Psychokatharsis* meist vereinfacht umgangen werden. Es genügt nämlich nicht mehr, einfach einem Therapeuten oder Meditationslehrer zu glauben und seinen einfachen Anweisungen zu folgen. Man muss heutzutage auch verstanden haben, dass das Verfahren wissenschaftliche Grundlagen hat und man mitdenken kann und soll, damit nicht in tieferen Momenten der Übungen Abhängigkeiten von der Ideologie der Methode, vom Lehrer bzw. Therapeuten oder irrationale Ängste auftreten. Das *Strahlt* (das Kristalline, Spiegelnde) der kathartischen Erfahrung ist also aus der Grundkraft des Wahrnehmungstriebs abgeleitet. Es ist somit etwas, das in jedem Menschen originär vorhanden ist, genauso wie das *Spricht* (das Linguistische, Verlautende).[81]

Nach dem R-A-D-I-C-I-T kann nun auch das *Formel-Wort* O-R-S-A-C-E-R-A-M hinzugenommen werden, denn sollte jemand wirklich Interesse haben, die analytisch-psychokathartische Methode zu erlernen, sind wenigstens drei dieser Formulierungen notwendig. Zwei oder gar nur eines würden einen zu schnell ermüden. In dem – einmal anders geschriebenen *Formel-Wort* C-E-R-A-M-O-R-S-A (Abbildung nächste Seite) stecken je nach Ausgangsbuchstaben folgende Bedeu tungen: C eram orsa (hundertfach war ich Beginnen, amo R sacer (ich liebe

---

[81] In der Psychoanalyse gehen wir davon aus, dass in der Menschentwicklung die symbolische Ordnung bzw. die Sprache eine entscheidende Funktion einnimmt, die die Wahrnehmung in eine reine Sinnestätigkeit und eine Triebtätigkeit teilt. Die Sinnestätigkeit ist eine Wirklichnehmung, die Triebtätigkeit eine Wahrnehmungslust, zusammengefasst sprechen wir von Wahr-Nehmung. Das Wahre kommt durch die Sprache herein, die Nehmung durch die Wirklichkeit.

das heilige R), cera morsa (das zerstückelte Wachs), mors acer (der Tod ist bitter), amor sacer (die Liebe ist heilig) usw. Wie betont, kann man diese Bedeutungen gleich wieder vergessen. Sie sind zu disparat, also auf keinen Nenner zu bringen. Denn übt man sie in dem einheitlichen Schriftzug, wird man niemals den bitteren Tod mit dem zerstückelten Wachs und dem hundertfachen Beginnen in einem Sinngehalt zusammenbringen. Wichtig ist nur zu verstehen, wie die *Formel-Worte* aufgebaut sind, so dass man wissenschaftlich-intellektuell das Verfahren

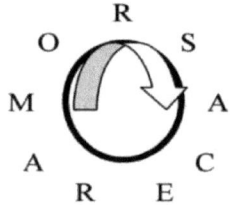

jeder Zeit hinterfragen kann. Kommen irgendwelche Gefühle oder Ideen hoch, die unpassend sind oder Angst machen, kann man nachdenken oder sich weiter über das Verfahren belesen. Blinder Glaube ist nicht gefragt.

Bei der zweiten Übung wird nunmehr auf genau dieses *Spricht*, dieses Körper-Echo, also auf einen von oben / rechts im Kopf herkommendes Verlauten, auf einen Ton, Laut, aus dem tiefen Inneren geachtet. Es sind schließlich Buchstaben, die aus diesem ‚typographischen' Raum herausklingen und die das Unbewusste dort gespeichert hält. Und genau in diesen Raum sind die *Formel-Worte* eingedrungen und haben die Buchstaben in ihrer B(r)uchstaben-haftigkeit geweckt und evoziert. Auch hier wieder gilt das Gleiche: es handelt sich um einen ganz originären Aspekt des Entäußerungs- bzw. Sprechtriebes, der in jedem Menschen als Primärprozess vorhanden ist und im Unbewussten sogar die Form ganz knapper, kompakter „innerer Sätze“, „ultrareduzierter Phrasen“ annimmt (alles Begriffe Lacans für diese lautliche Erfahrung).

Auch hier können anfänglich nur ein feines Rauschen, ein ferner Laut oder Ähnliches wahrgenommen werden können. Der Übende wird jedoch von Anfang an bemerken, dass es sich hier um eine Konzentration auf ein mehr oben-rechts oder oben-zentral im Kopf befindliches Hör-Sprechsystem handelt, zu dem die Echos des Körpers Beziehung haben, auf die hier zurückgegriffen wird. Auch wenn das eigentliche Hör-Sprechsystem im Kopf linksseitig angelegt ist, ist eben rechtsseitig das mehr rudimentäre, musikalische und der Regression besser zugängliche Hör-Sprechsystem vorhanden, und seine Echostruktur deutlich zu sehen. Dazu passen dann eher die kurzen Phrasen der *Pass-Worte*, während bei den längeren das linksseitige System (psychoanalytisch: das Vorbewusste) eine Rolle spielt.

Wenn man sich über Psychoanalyse etwas beliest und auch sonst Kontakt zu literarischer und wissenschaftlicher und sonstiger Kultur hält, und auch den vorliegenden Text gelesen hat, einen Versuch mit den Übungen gemacht hat, kurz: ein bisschen Bildungsbürger ist, wird man die oft sofort einsehbaren *Pass-Worte* richtig deuten. So schreibt Freud, dass man sogar manche Träume, die ja nun viel entstellter sind als die *Pass-Worte*, und die ja auch unmittelbar vom Symbolisch-Realen herkommen, direkt vom „Blatt weg ablesen“ könnte. Man braucht nicht mehr den Träumer nach Einfällen dazu zu befragen und umständliche Interpretationen anzubringen.

Und noch ein letzter Hinweis, nach dem oft gefragt wird. Bemerkt man bei der Anwendung der *Analytischen Psychokatharsis*, dass der *Strahlt*-Anteil beim Üben zu stark ausfällt, wechselt man zur *Spricht*-Übung und umgekehrt. Ansonsten sind beide Übungen jeweils nur für etwa zwanzig Minuten durchzuführen. Der Wechsel von praktischer Erfahrung und theoretischem Denken ist wichtig, weil am Ende etwas Gemeinsames herauskommen wird: eine gedankliche Selbsterfahrung, eine praktische Logik, eine kathartische Analyse. Letztendlich finden beide Übungen zu einem inneren ‚Auftrag‘, einer Gewissheit, auch am Verfahren mitwirken zu können.

Andererseits habe ich bereits beschrieben, dass man manchmal nicht nur in Gedanken vom meditativen Vorgang abweicht. Manchmal weicht man sogar zwischen den einzelnen *Formel-Worten* zu Bildern, Erinnerungen, zu einem Gemisch von beiden und zu *Pass-Worten* ab, und kehrt doch wieder zum *Formel-Wort*-Reverberieren zurück. Der Fortgeschrittene wird dies durchaus als bereichernd erfahren, denn er lässt sich nicht in eine einseitige *Strahlt*- oder *Spricht*-Richtung verführen, sondern bleibt beim Fortschreiten in der engen Kombination der beiden Grundtriebe, Grundprinzipien, des Spiegel- und Echodiskurses. Und nochmals: neben einer Heilung von Störungen besteht das Ziel darin, an einer Weiterentwicklung des Verfahrens mitzuwirken.

WEBSEITE DES AUTORS:
ANALYTIC-PSYCHOCATHARSIS.COM

Literaturverzeichnis

Baggini, J., Ich denke, also will ich, dtv (2016)

Barkhaus, A., Mayer, M., Identität, Leiblichkeit, Normativität, Suhrkamp (1996)

Bauriedl, T., Beziehungsanalyse, Suhrkamp (1993)

Benthien, C., Wulf, Ch., Körperteile, Rowohlt (2001)

Bezzel, C., Wittgenstein, Junius (1996)

Breuer, R., Immer Ärger mit dem Urknall, Rowohlt (1993)

Brockman, J., Vogel, S., Wie funktioniert die Welt?, Fischer Taschenbuch (2013)

Byung-Chul Han, Die Austreibung des Anderen, Fischer Wissenschaft (201)

Byung-Chul Han, Die Errettung des Schönen, Fischer Wissenschaft (201)

Camus, A., Der Mythos des Sisyphos, Rowohlt (2018)

Camus, A., in Mythos Prometheus, Reclam Verlag (1995) S. 144-47

Carnap, R., Einführung in die Philosophie der Naturwissenschaft (1969)

Damasio, A. R., Descartes` Irrtum, Dtv (1997)

Dennet, D. C., Von den Bakterien zu Bach – und zurück, Suhrkamp (2018)

Davies, P., Gott und die moderne Physik, Bert. M. (1986)

Eccles, J. C., Gehirn und Seele, Piper (1987)

Eichmeier, J., Höfer, O., Endogene Bildmuster, U&S – Verlag (1974)

Fischer-Lichte, E., Performativität: Eine Einführung, transcript (2012)

Freud, S., Studienausgabe, Fischer (1989)

Goel, B. S. Meditation und Psychoanalyse, Ariston (1989)

Görz, G., Einführung in die Künstliche Intelligenz, Addison-Wesley (1996)

Harari, Y. N., Homo Deus, C. H. Beck (2017)

Heidegger, M., Unterwegs zur Sprache, G. Neske (1959)

Hilbrecht, H., Meditation und Gehirn, Schattauer (2010)

Hofstadter, D., Die Analogie, Klett-Cotta (2014)

Horgan, J., An den Grenzen des Wissens, Luchterhand (1997)

Jacobs, A., Schrott, R., Gehirn und Gedicht, Hanser (2011

Jakobson, R., Semiotik, Suhrkamp (1988)

Jakobson, R., On Language, Harvard University Press (1995)

Jung. C.G., Gesammelte Werke, Walter (1983)

Kant, I., Kritik der reinen Vernunft, Reclam (1966)

Kluge, F., Etymologisches Wörterbuch, W. de Gruyter (1989)

Lacan, J., Schriften I - III, Walter, (1975)

Lacan, J., Seminare I,I, VII, XI, XX, Quadriga (1980-1995)

Lacan, J., Seminaire Nr. III, Iv, VIII, XVII, Edition Seuil (1981-1994)

Lacan, J., Die Bildungen des Unbewussten, Turia & Kant (2006)

Lacan, J., Mitschriften der Seminare, VI, IX, X, XII, XV, B.R.L.F., Strasbourg

Laplanche, J., Pontalis, J. B., Das Vokabular Der Psychoanalyse, Suhrkamp (1989)

Leakey, R., Die ersten Spuren, Goldmann (1999)

Linke, D., Kunst und Gehirn, Rowohlt (2001)

Maar, C., Pöppel, E., Christaller, T., Die Technik auf dem Weg zur Seele, Rowohlt (1996)

Merleau-Ponty, M., Das Sichtbare und das Unsichtbare, Fink Verlag (1994)

Pinker, S., Der Sprachinstinkt, Kindler (1996)

Plato, Sämtliche Werke, Insel Verlag (1991)

Popper, K. R., Eccles, J. C., Das Ich und sein Gehirn, Piper (1989)

Potthoff, P., Die Begegnung der Subjekte, Psychosozial-Verlag (2014)

Radisch, I, Camus, Rowohlt (2013)

Roazen, D., Der innere Sinn, Archäologie eines Gefühls, Fischer (2012)

Roheim, G., Die Panik der Götter, Kindler (1975)

Rosset, C., Das Reale in seiner Einzigartigkeit, Merve (2000)

Rüdinger, D., Perrez, M., Anthropologische Aspekte der Psychologie, O. Müller (1979)

Rudgley, R., Abenteuer Steinzeit, Kremaye & Scheriau (2001)

Schmidt-Hellerau, C., Lebenstrieb & Todestrieb, Libido & Lethe, Verlag Intern. Psychoanalyse (1995)

Searle, J. R., Geist, Hirn und Wissenschaft, Suhrkamp (1992)

Seidler, G. H., Der Blick des Anderen, Verlag Intern, Psychoanalyse (1995)

Sinz, R., Gehirn und Gedächtnis, Fischer Utb (1981)

Strowik, E., Sprechende Körper, Fink-Verlag (2009)

Thompson, R. F., Das Gehirn, Spectrum (1994)

Thorne, K. S., Gekrümmter Raum und Verbogene Zeit, Knaur (1996)

Tipler, F. J., Über die Omegapunkttheorie, Piper (1994)

Uexküll, Th., Fuchs, M., Subjektive Anatomie, Schattauer (1994)

Weiss, Der Andere in der Übertragung, Frommann-Holzboog, (1988)

Weizsäcker, C. F. von, Die Einheit der Natur, Dtv (1995)

Weinberg, S., Der Traum von der Einheit des Universums, Bertelsmann (1993)

Weizenbaum, J., Die Macht der Computer, Stw (1977)

Wiener, O., Probleme der Künstlichen Intelligenz, Merve (1990)

Wilhelm, R., Informatik, C.H.Beck (1996)

Wilson, E. O., Der Wert der Vielfalt, Piper (199

Wolf, F. A., Die Physik der Träume, Byblos (1996)

Wygotski, L.S., Denken und 'Sprechen', Fischer (1981)

Weitere Bücher des Autors aus dem MCS-Verlag

Analytische Psychokatharsis
Psychoanalytische Theorie und kathartische Meditation können nicht einfach ineinander überführt werden. Setzt man beide Verfahren aber durch ein entscheidendes Element (einen „linguistischen Kristall") in Beziehung, lässt sich ein eigenes neues Verfahren begründen. Die Psychoanalyse und die meditativen Methoden werden diskutiert, und die Praxis des eigenen Verfahrens wird ausführlich beschrieben.

Die Revolte des Selbst
Die klassische Methode der Analyse des Unbewussten stellt eine zu theoretische Revolte des Selbst dar. Um in der Praxis Erfolg zu haben bedarf es eines direkteren selbstanalytischen Verfahrens, das jeder aus sich selbst heraus entwickeln kann. Formulierungen, die in einem einzigen Schriftzug mehrere Bedeutungen enthalten, können das Unbewusste jedes Einzelnen durch mentales Üben aufbrechen und zu sich selbst befreien.

,teetrunken' Ausgangspunkt des Buches stellt die Lehre des Psychoanalytikers O. Graf Wittgenstein dar, der davon ausging, dass der Mensch in sich drei Teile birgt, die er nur verschiedentlich zu einer Einheit bzw. einheitlichen Persönlichkeit verbinden kann. Die letztliche und ideale Einheit nennt er den 'Trialog'. Anhand der Schilderung mehrerer Bergbesteigungen durchstreift der Autor alle möglichen kulturellen und psychologischen Fragestellungen, um im Endeffekt den 'Trialog' durch das Wandern, Meditieren und intellektuelle Verarbeiten zu errei-

Yoga und Psychoanalyse
An Hand einer wissenschaftlichen Biographie des Religionswissenschaftlers und Yogalehrers Kirpal Singh (Surat Shand Yoga) werden alle Yogaformen von der Seite der Psychoanalyse her betrachtet. Es ergibt sich die Notwendigkeit ein eigenes Verfahren zu begründen, das der Autor auch Analytische Psychokatharsis nennt. Zahlreiche Bilder und Schemata machen das Buch anschaulich.

Liste weiterer Werke des Autors im MCS-Verlag

Herz-Sprache, Eine Psychoanalyse des Herzens
Politik / Therapie, Begreifen, was man schon weiß - wie Politik therapeutisch zu denken wäre
Das autochthone Genießen, Essays zu einem neuen selbstanalytischen Verfahren
Zweimal den Tod überlisten, Ein Traktat zu Sisyphos
Siddharthas Wiederkehr, Ein wissenschaftlicher Roman – eine Anregung zur Selbstanalyse
teetrunken, Bergwandern, Meditieren, Wissenschaft betreiben – Essays von dreiteilig einigen Menschen
Nach Lacan, Über Physik, Psychoanalyse und die Metapher des Genießens – eine Selbstpraxis
interhot, Gespräche mit dem Unbewussten
Vater seiner Selbst, Die ,logische Selbststruktur als erlernbar therapeutischer Weg, die eigene Identität zu finden
Das Gerade und das Gekrümmte, Die Behandlung einer Psychose
Die Mathematik des Eros, Die ,perfektoiden Räume' des Unbewussten – eine Selbstpraxis
Die körperlich kranke Seele, Eine Broschüre zu Theorie und Praxis der *Analytischen Psychokatharsis*
Platons Lieb-ido, Ein wissenschaftlicher Roman – eine Überredung zur Selbsttherapie